年1回見直すだけ！ラクして貯まる！

あきのズボラ家計管理

あき著

実業之日本社

はじめに

ラクして貯めている人がやっていること。
頑張っても貯まらない人がやっていないこと。
それは、お金が自動的に貯まる仕組みづくりです。

私は、今年で15年間家計を預かっています。

この15年の間に、何度も家計を遭難させかけ、挫折しかけてきました。

でも、数年前、家計簿のつけ方をかえたことで、家計は劇的に変化しました。家計簿が簡単になり、ラクになったこと。ムダ遣いを減らす工夫ができるようになったこと。お金がラクに貯められるようになったこと。なかでも一番よかったことは、100%貯金に成功する現実的な予算を作れるようになったことです。

予算を作るなんて、何だか難しそう…と思うかもしれません。でも、守るべき予

算が頭に入っていれば、家計の迷いがグンと減ってきます。

家計管理に時間も手間もかからなくなるので、お金のことで頭を悩ませる時間を減らすこともできます。必要以上にケチケチする必要もなくなり、家族の夢を叶える支出を取り入れることもできます。

主婦業は忙しいものですよね。家事に育児に仕事にと、毎日がバタバタと過ぎていきます。仕事が終わって帰宅しても、ゆっくり座る暇もない。子どもを寝かしつけて起きてるつもりがついつい寝落ち…。ちょっと時間ができたらゆっくりしたい。ノートを開いて書き物なんて…、また今度。それが本音だったりします。

本書では、そんな忙しい毎日の中でも続けられる、簡単でラクな「家計を確実に黒字にするお金の仕組みづくり」を紹介します。

家計管理はささっと終わらせ、自分だけの自由時間をお金のこと以外に使う。そんな、お金も時間も贅沢に使える毎日を手に入れるお手伝いができたら嬉しいです。

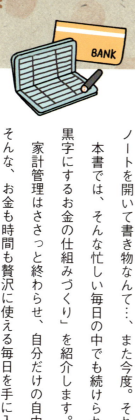

CONTENTS

STEP 1 家計の基本を知ろう

STEP 2 月の家計を仕組み化する

CONTENTS

STEP 3 年の家計を仕組み化する

STEP 4

家計を成功させる運用法

CONTENTS

はじめてでも
やりくりを成功させるコツは？

「今月いくら使ってもいい？」

「1年でいくら使ってもいい？」

が見えるようになること

「あれがああなって…これがこうなって…」

「まあいっか。面倒くさいし…」

「ムリムリ。うちにはどうせできない」

「もっともっと節約しないと…」


頑張っているのに、あと少しでつまづいてしまう…

面倒くさい！とりあえず、まあいっかですませてしまう…

うちにはどうせムリだからとはじめからあきらめてしまう…

ケチケチしすぎて家族から不満がでる…


あともう１歩家計をラクに楽しく仕組み化する

それが
「あきの家計管理」です

STEP 1

家計の基本を知ろう

家計管理を始める前に
おさえておきたい基礎知識

家計管理というと「なんだか難しそう…」と思いますよね。
でも大丈夫！
家計管理は基本がわかると、とても簡単。
はじめてでもズボラでもラクして貯める仕組みを作ることができます。
でも…基本を知らないと、家計はあっちこっちに迷走してしまいます。
もう家計を迷走させない！
着実に成果を出す骨太な家計を作るための
家計管理の基本を紹介します。

LESSON 01

基本を知らなきゃ、貯まらない！

家計管理を始める前に、まずは、私が考える家計の基本について紹介します。

私が考える家計とは、1．固定費、2．生活費、3．特別費、4．貯金の4層の構造です。

細かくいえば、これは固定費ではないとか、これは流動費や変動費と呼ぶのが普通だなどの意見もあるかもしれません。しかし、あきの家計管理では、この分類が分かりやすいので、あえてこのように分けています。

4の貯金を増やすためにできることは、そもそものお金の枠を大きくする、つまり収入を増やすか、1、2、3の支出を小さくするという2つの選択肢しかありません。でも…ただ支出を小さくするだけでは、貯金は増えてもただのケチになってしまうことも…。

家計の基本が見えていないと、どう頑張っても今の家計状況ではムリな貯金計画を立ててしまうこともあります。

必要以上にケチケチしない！現実的に実現可能な範囲内で確実な貯金計画を立てるためには、まず自分の家計の現状を知っておく必要があります。今の家計が、貯金ができる家計なのか？使いすぎの家計なのか？どうして貯金ができないのか？を知るために、家計の現状を調べていきましょう。

あきの家計の基本

【収入】

＝

【支出】

❶固定費

□家賃　□光熱費　□生命保険　□携帯電話
□保育料　□習い事　□小遣い
など

＋

❷生活費

□食費　□日用品　□娯楽費（※1）
など

＋

❸特別費（※2）

＋

❹貯金

※1娯楽費とは…比較的少額な、季節やイベントに関連しない支出
外食、交際費、交通費、下着などのちょっとした衣類、ちょっとしたレジャーなど
※2特別費とは…比較的高額な、季節やイベントに関連する支出
旅行、車検、美容院、高額な医療費、冠婚葬祭、誕生日プレゼント、
家電やインテリア用品、まとまった金額の衣類など

LESSON 02

収入って、何だろう？

とところで、あなたは月にいくらの収入があり、年間でいくらの収入があるか知っていますか？お金を貯められない人というのは、自分の家庭の収入が年間でいくらなのか？も知らない…という人が意外と多いのです。

どう頑張っても収入以上の貯金はできないので、まず手始めに自分の家庭の収入を調べてみましょう。一般的に、年収とは社会保険料や税金を含めた収入を指しますが、あきの家計管理では、社会保険料や税金を差し引いた手取り年収を知ることで充分です。

まずは、通帳や給料明細などを見ながら、残業代を含まないベースの月の手取り給料を書きだしてみてくださいね。月の給料×12ヵ月が年間の給料です。次に、月の給料の残業代の平均額を書きだします。残業代は、過去の給料から平均的な金額と回数を予測して年間でだいたいいくらか書きだします。

ボーナスもあれば、夏、冬などに分けて書きだします。その他、手当や、予定される臨時収入も忘れずに加算しましょう。1円単位まで正確である必要はなく、だいたいでOKです。給料、残業代、ボーナス、手当、臨時収入をすべて加算した金額が、今年1年で予定される年間収入です。

収入を知ろう

月にいくら、年にいくらの収入があるか知っていますか？
今年1年で予定される手取り収入を計算してみましょう

【記入例】

月の収入

□夫 給料	200,000円
□妻 給料	80,000円
小計	280,000円×12ヵ月＝3,360,000円
□夫 残業代	(月平均)30,000円×6ヶ月＝180,000円
□年末調整	50,000円

＋

年間の収入

□夫 ボーナス	夏 250,000円
	冬 300,000円
小計	550,000円
□手当	児童手当 年間 240,000円
	幼稚園助成金 年間 100,000円
小計	340,000円
□予定される臨時収入	0円
年間収入合計	4,480,000円

- 端数はだいたいでOK！
- 月の給料、残業代、ボーナス、手当、臨時収入にわけて書きだすと、見やすく分かりやすくまとめられます
- 少なく見積もりすぎないようにします

LESSON 03

固定費って、何だろう？

次に、家計の中の固定費がいくらあるかも調べてみてくださいね。

私が考える固定費とは、毎月または年に数回必ずある支出のことです。例えば、家賃、光熱費、生命保険、携帯電話、教育費、習い事、小遣いなど。

家計簿をつけていなくても、通帳の明細や請求書を見れば簡単に調べられます。

調べるのはちょっと面倒ですが、家計の現状を把握するためにも時間がある時に一度やってみてくださいね。

これらの固定費を、口座引き落としの固定費と現金払いの固定費にわけて書きだしてみます。

電気、ガス、水道などは、季節によって支払い額が変動しますが、だいたいの平均値でOKです。

幼稚園や教材費なども、遠足や宿泊学習があると高くなって…という支払額の波を見越して、少し多めで計算します。

年払いの学資保険や生命保険、習い事の発表会の費用が1回で10万円など、年払いや高額な固定費は、P19の「年払いの固定費」に計上します。

ただし、毎月の先取り貯金や積立などは、固定費には含めないようにしてください（貯金としてカウントするため）。

固定費を知ろう

月にいくら、年にいくらの固定費があるか知っていますか？
今年1年で予定される固定費を計算してみましょう

【記入例】

口座引き落としの固定費

□家賃	70,000円
□電気・ガス・水道	15,000円
□携帯・WIFI	15,000円
□生命保険	10,000円
□幼稚園	25,000円
□小学校	5,000円
小計	140,000円

＋

現金払いの固定費

□教材費	5,000円
□夫小遣い	25,000円
□妻小遣い	10,000円
□習い事	10,000円
小計	50,000円

140,000円＋50,000円＝190,000円　×12ヵ月＝
合計　**2,280,000円**

- 端端数はだいたいでOK！ちょっと多めの見積もりが安心です
- 毎月の先取り貯金や積立などは固定費には含めません
（貯金としてカウントするため）
- 学資保険や終身保険など貯蓄性のある金融商品は、
いったん固定費に計上し、支出としてみなします
（あとから貯蓄として貯金にカウントしてもOK）
- 各種ローンや借金などの月の返済額も忘れずに書きだします

LESSON 04

年払いの固定費って、何だろう？

家計の中の年払いの固定費がいくらあるかについても調べてみましょう。

私が考える年払いの固定費とは、年に数回または今年だけ必ずある比較的高額な支出のことです。

例えば、住宅や車のローンのボーナス払い、固定資産税、自動車税、自動車保険、受信料など。

まずは、毎年予定されている年払いの固定費が年間でいくらあるかを計算します。

次に、車検、出産費用、幼稚園の入園金など、今年だけ予定されている大きな支払いを加算します。

年払いになっている学資保険や生命保険、習い事の発表会1回10万円なども忘れずに加算してくださいね。

年払いの固定費は、一度の支払い額が高額になることが多く、年間でいくらか？を計算してみると、びっくりするような金額になることがあります。

P17で計算した固定費と、年払いの固定費の合計が今年1年で必ず支払わなければいけない支出です。

必ず支払わなければいけない支出は、少なければ少ないほど家計がラクに回せるので、積極的に見直したい支出です。

年払いの固定費を知ろう

年払いの固定費が年にいくらか知っていますか？
今年1年で予定される年払いの固定費を計算してみましょう

【記入例】

年払いの固定費

□自動車税	40,000円
□車保険	35,000円
□受信料	25,000円
□車検	100,000円
合計	200,000円

月払いの固定費(P.17) 2,280,000円 ＋ 年払いの固定費 200,000円 ＝ 年間の固定費 2,480,000円

該当する支出一覧

□住宅ローンボーナス払い　□車ローンボーナス払い
□固定資産税　□出産費用　□幼稚園の入園金
□学費の一括納入　□町内会費
□学資保険や生命保険の年払い　□高額な習い事の発表会費用
…など

●端数はだいたいでOK！

LESSON 05

自由になるお金は、いくら？

家庭の収入、固定費が計算できると、収入から固定費を引くことで、今年1年で自由に使えるお金がいくらあるか?がざっくりと分かります。**自由になるお金＝今年1年で貯金できる限界です。**

食費などの生活費を1円も使っていない状態なので、実際にはここからさらに支出が引かれます。自由になるお金の金額が150万円なのに、気持ちだけで今年は年間200万円貯めよう！年収の3割以上は貯金だ！と目標を立ててもムリだということが分かりますよね。

自由になるお金を知ることで、現実的に達成可能な貯金目標額が見えてきます。

自由になるお金があまりに少ない（世帯構成人数によりますが、目安としては年間100万円以下）場合は、固定費が高すぎるか収入が少なすぎると判断することができます。

この場合は、いくらケチケチ節約を頑張っても貯金を大きく伸ばすというところまでは手が届かないことも…。公的な支援も含めて、少しでも収入を増やすことを考えたり、固定費を少しでも減らす工夫をして、自由になるお金を増やすことができると貯金の可能性もあがりますので、あきらめないでくださいね（固定費の見直しは、P39）。

自由になるお金を知ろう

自由になるお金が年にいくらかあるか知っていますか？
今年1年で自由に使えるお金を計算してみましょう

【記入例】

自由になるお金

収入(P15)－
固定費(月の固定費(P17)＋年払いの固定費(P19))
＝自由になるお金

4,480,000円－(2,280,000円＋200,000円)＝**2,000,000**円

今年１年で貯金できる限界は？

自由になるお金＝
今の条件のまま１年で貯金ができる限界点

↓

自由になるお金以上の貯金目標を立てても非現実的

自由になるお金があまりに少ない場合は？

固定費が高すぎる　or　収入が少なすぎる
可能性が高い！

固定費を見直す(P39)　or　収入を増やす
ことで自由になるお金を増やすと
貯金の可能性アップ！

LESSON
06

生活費と特別費の違いとは？

あきの家計管理では、家計の基本は、固定費、生活費、特別費、貯金です。

でも、このうち生活費と特別費の区別がつかない…という人がいます。この二つをはっきり区別できると、家計の仕組みが分かりやすくなります。

私が考える生活費とは、おもに食費、日用品、娯楽費のことです。

娯楽費とは、比較的少額な、季節やイベントに関連しない支出で、外食、交際費、交通費、下着などのちょっとした衣類、ちょっとしたレジャーなどです。

ガソリン、ペット費用、ちょっとした医療費など、その他毎月のようにこまごまと支払いがある支出も生活費と考えます。

特別費とは、年に数回程度、季節やイベントに関連して発生する比較的高額な支出のことです。

例えば、映画館や動物園、公園などに遊びに行く程度の支出なら、大きなイベントではないので生活費。行き先が公園でも、めったに見られない植物を見るために飛行機に乗って旅館に泊まる予定…という場合は、大きなイベントですから特別費と考えます。**生活費と特別費の違いが分かりにくい時は、特別費でない支出は、すべて生活費と考える**と分かりやすいと思います。

生活費と特別費の違いとは？

生活費とは？

□食費　□日用品　□娯楽費　など

※娯楽費とは、比較的少額な、季節やイベントに関連しない支出で、外食、交際費、 交通費、下着などのちょっとした衣類、ちょっとしたレジャーなど

日常的に出るこまごました支出のこと
金額は１回の支払いで
数百円〜数千円程度の場合が多い

特別費とは？

□美容院　□旅行　□季節ものクリーニング
□誕生日プレゼント　□予防接種
□高額な医療費　□冠婚葬祭　□インテリア
□家電　□税金　□高額な修繕費　など

分かりにくい場合は？

- 見分けるコツは、まず特別費について考えること
- 特別費予算表(P81)に含まれない支出は、全て生活費と考えるとラク
- ちょっと高額な支出はすべて特別費にする…
- 生活費が足りない時は、特別費から拝借…
という考え方をする人ほど貯まりにくい傾向があります

LESSON 07

特別費と貯金の違いとは？

貯金をするためには、目標が大切とよく言われますよね。でも…、「お金を貯めて○○がしたいです」と目標を決めて貯金する方法だと、お金が貯まったと思ったら使うを繰り返し、結局、何年たっても大してお金が残っていない…ということになりがちです。私は、貯金とは、「マイホーム、車、進学、老後、もしもの時」など、人生の中でも大きな節目の時に使うお金と考えています。家族旅行、家電の買い替えなど、ちょっとしたことに使うために貯めたお金のことを「貯金」とは考えないようにしています。

数ヵ月、または数年のうちに使う予定のお金は、「特別費」として、あらかじめ「支出」として予測し、貯金とは別に用意します。**特別費は使ってもいいお金。貯金は当面のあいだ1円たりとも使ってはいけないお金。**

この「近いうちに使う予定のお金（支出）」と「当面使う予定のないお金（貯金）」の区別がついていないと、せっかく貯めた貯金をずるずると使い込んでしまうことも…。そのため、あきの家計管理では、人生の節目となるような大きな出費に慌てないため、生活を防衛するためのお金のみを「貯金」として、「旅行代」などとは、区別して考えます。

貯金の認識を改める！

□お金を貯めて両親にごちそうしたいです
□お金を貯めて旅行に行きたいです
□お金を貯めてエアコンを買い替えたいです

近いうちに使う予定のお金を貯金から出すと
貯まったと思ったらなくなるの繰り返しになりやすい

貯金とは…？

当面使わないお金（貯金）

□マイホーム　□車　□進学　□老後　□もしもの時
など、
人生の中でも大きな節目の時に使うお金
「当面使う予定のないお金」のこと

↓

その時がくるまで、「1円たりとも使わない」が基本

近いうちに使うお金（支出）

□旅行　□家電　□インテリアなど
特別費としてあらかじめ「支出」としてみなす

貯金と特別費の区別がついていないと…

- 旅行代、家電などにちょこちょこ使ってしまい、貯めてるつもりが何年たっても大きなお金が残らないというサイクルになりがち
- 頑張ってお金を管理しているつもりなのに貯まらない人に、この傾向が強い

LESSON 08

ただし、目標は大切にする！

貯金をして○○がしたいなど、目標を決めて貯金をすると、貯まったと思ったら使ってしまい、結局何年たってもお金が残らないサイクルになりがちです。

ですが、目標を決めてはいけないということではありません。むしろ、**目標はあったほうがいいものだ**と思います。

ただし、**「お金を貯めて○○をする」ではなく「○○にお金を使う」と、あらかじめ支出として目標を立てるのがオススメ**です。

なぜなら、せっかく貯めた貯金を崩して夢を叶えるクセをつけると、お金をずるずると崩し続けたり、反対にいざという時におじけづいて使えなかったりすることがあるからです。しかし、特別費を使って、あらかじめ支出としてお金を準備すると、貯金は別に貯まっているので、安心してお金を使うことができます。人生は1回きり。本当はしてみたいことがあったのにお金がないから何もできなかった！ではもったいないですよね。今まで先延ばしにしてきた夢など、やらずに一生を終えて後悔することのないように、リストに書きだすのがオススメ。確かに手元にあるお金には限界があります。**でも、自分なりに、ちょっと頑張れば、実現できる何かはきっとあるはずです。**

目標の決め方

□「お金を貯めて〇〇をする」ではなく、
「〇〇にお金を使う」と目標を立てる
□ほしいもの・したいことを夢リストに

【記入例】

近いうちに実現したいこと

★有名ホテルのビュッフェ	2万円(2018年12月まで)
★ブランド物の財布	2万円(2018年12月まで)
★エアコン買い替え	8万円(2019年12月まで)
★コート	5万円(2019年12月まで)
★親に旅行をプレゼント	10万円(2020年12月まで)

いつか実現したいこと

★素敵なお皿	3万円(2024年12月まで)
★海外旅行(ハワイ)	30万円(2025年12月まで)
★ネイルの勉強	15万円(2028年12月まで)
★短期留学	30万円(2030年12月まで)
★一眼レフのカメラ	10万円(2030年12月まで)

● 少額高額にかかわらず、
一生のうちにほしいものやしたいことを具体的に書きだす
● 期限も仮にで構わないので記入する
● ほしいものやしたいことが変わったら書き換えてOK
● 金額が分からないものは、?円でもOK
● 夢を叶えるために準備するのは特別費(P81)

LESSON 09

家計のやりくりとは？

あなたは年間いくらの収入がありますか（P15）?、あなたが年間で必ず支払わなくてはいけない支出はいくらですか（P19）?、自由になるお金は年間でいくらですか（P21）?。

まずは、この3つに答えられるようになること。これが私の考える家計の基本です。**年間で計算するのがコツです。**なぜなら、1カ月単位で計算してしまうと、月の給料が低めの時の家計のやりくりが必要以上に厳しくなってしまうから。また、大きな出費にいくら使えるか?の計画も立てにくくなってしまいます。

年単位の自由になるお金が分かっていないと目先の安い高いに振り回されたり、必要以上にケチケチしたり、家計簿の種類を毎年変えたり、頑張っているわりに貯まらなかったり…なんてことにも。1年くらい家計簿をつけると自然にわかってくることもありますが、家計簿をつけていなくてもできるので、是非一度やってみてくださいね。

家計のやりくりとは、まず固定費をしっかりと見直し、残った自由になるお金で、生活費、特別費、貯金のバランスをどうデザインするか?にすぎません。バランスの内訳は自由なので、自分自身や家族が思い描く、今できる中で一番ステキな家計のあり方を考えてみてくださいね！

家計のやりくり計画の立て方

❶固定費をできるだけ減らす(見直し方法はP39)

↓

❷貯金・生活費・特別費のバランスをデザインする

自由になるお金(P21)が200万円の場合

自由になるお金(P21)が200万円の場合

本当に
こんなに節約
できる?

貯金をしっかりめに!
年間100万円貯金したい!
貯金100万円(先取り貯金や定額積立をふくむ)
生活費・特別費　100万円

これなら
いける
かも…?

貯金はほどほど! 年間50万円貯金したい!
貯金50万円(先取り貯金や定額積立をふくむ)
生活費・特別費　150万円

使いすぎ
かしら…?

貯金は少なめ! 年間30万円貯金したい!
貯金30万円(先取り貯金や定額積立をふくむ)
生活費・特別費　170万円

赤字!!
先取り貯金を
しても
崩すしかない

生活費と特別費が
年間200万円を超えてしまったら…
生活費・特別費　205万円
貯金－5万円

理想と現実のバランスを考えることが
家計のやりくり

LESSON 10

去年の貯金額を計算してみよう

家計のやりくりとは、生活費、特別費、貯金のバランスをどうデザインするか?です。

このバランスを考える前に、参考までに過去1年の貯金実績を調べておくと参考になります。

まだ家計を預かり始めたばかりで分からない場合はやる必要はありません。調べ方は、簡単です。まずは、家計で使っている通帳すべてをひっぱりだしてください。基準日を決めて、すべての通帳の基準日に一番近い残高を書きだします。定期預金も忘れずに書きだします。

最近通帳記入に行っていない…なら、これを機会に、月に一度くらいは通帳記入を習慣にできるといいですね。この今ある通帳の残高すべてを合計した金額が、今ある家計の現金です。

次に、その1年前の残高を書きだします。

今年の残高から去年の残高を引くと、過去1年間で貯金できた実績が分かります。

マイナスなら残念ながら赤字です。1年間の金額を調べてみると、なんでこんなにお金がなくなっているんだ?とびっくりすることがあります。

去年と収入が大きく変わっていないなら、今年は去年より少し多めの金額を貯金する目標からスタートすると、ムリのない現実的な貯金計画が立てられます。

去年の貯金額を調べてみる

❶家計で使っている通帳すべてをひっぱりだす

↓

❷基準日を決める

3月31日を基準日にする場合は、3月31日以前で一番3月31日に近い日の通帳残高を書きだす。1年前の3月31日以前で一番3月31日に近い日の通帳残高を書きだす

↓

❸今年の残高－去年の残高＝過去１年の貯金額

【記入例】

今年の残高	
A銀行	1,000,000円
B銀行	1,000,000円
定期預金	500,000円
合計	2,500,000円

去年の残高	
A銀行	1,000,000円
B銀行	1,000,000円
定期預金	200,000円
合計	2,200,000円

2,500,000円－2,200,000円＝**300,000円**

- 今年の貯金額は去年よりも微増を目指すことから
- 去年の貯金額が特別大きな出費
(結婚式、車の一括購入、マイホームなど)が記憶にないのに、
マイナスの場合は、貯金計画が厳しくなることも…
(-200,000円の赤字の場合は＋300,000円にするのに500,000円の家計改善が必要)
- 去年と比べて収入が大きく減ってしまった場合も、赤字を埋めるだけで精いっぱい、貯金まで手が回らないことも…

手取り収入の10%～20%の貯金ができていれば
OKと考えます

LESSON 11

メリハリ家計を作るコツ

家計をうまく回すにはメリハリが大事。なんとなく分かっているつもりでも、具体的にどうすればいいのか分からないこともありますよね。ケチケチしないでお金を使ったほうがいいのかと思い込み、何にでも贅沢にじゃぶじゃぶ使えば、あっという間にお金はなくなってしまいます。

メリハリ家計とは、締めるところは締め、使うところは使う家計のこと。

お財布のひもがゆるみっぱなしな家計のことでも、見栄を張って大金を使うことでもありません。このメリハリ家計についてもあきの家計管理の基本の図（P13）で説明できます。

メリハリ家計とは、左の図のように、固定費、生活費がやや少なめで、特別費がやや多めの家計のこと。お金が貯められない人ほど、収入に対する固定費、生活費が大きい傾向があります。

一方、非常にケチな家計の方は、固定費、生活費が非常に少なく、貯金が多めですが、特別費が全くというほどなく、ほしいものもなく将来の夢もないという非常に無味乾燥とした家計におちいりがち…。貯金の多さだけにとらわれず、特別費を使ってある程度のお楽しみを確保し、家族に潤いを残した家計を心がけると、ストレスもたまらず、長く続けられる家計になりますよ！

ケチケチ家計 VS メリハリ家計

メリハリ家計とは…
締めるところは締め、使うところは使う家計のこと

ケチケチ家計

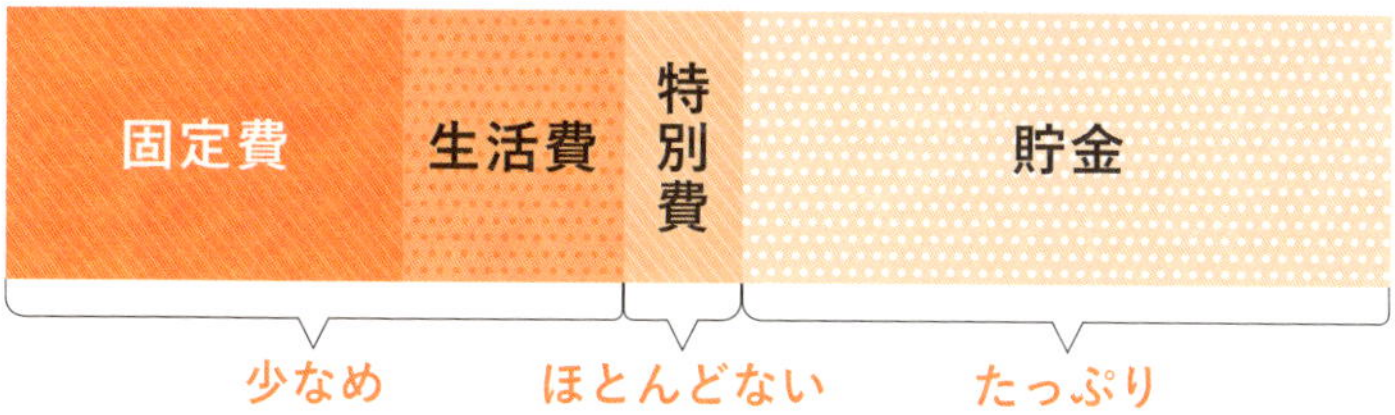

固定費、生活費が極端に少なめ。貯金はたっぷりでも、
特別費がほとんどないので、お楽しみが少なく、
ケチケチギスギスした生活でストレスがたまりやすい
我慢我慢ばかりで貯金は一時的に大きく増えても、
長続きしない可能性が高い。貯金ができている自己満足にはひたれるが、
同様の我慢を強いられる**家族から**不満が多くなり、**ひんしゅくを買う**ことも…

メリハリ家計

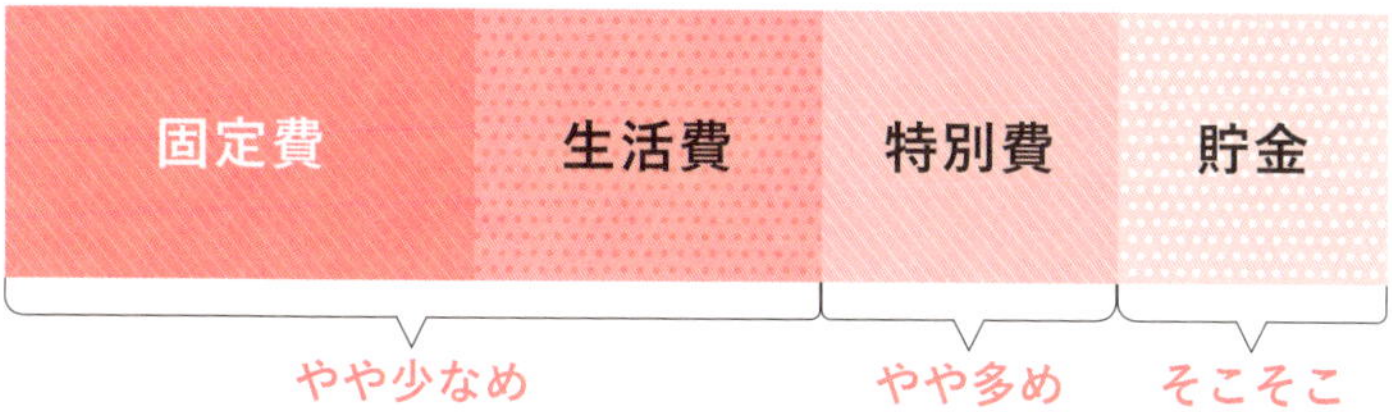

貯金はそこそこでも、やりたいことをしている満足感で
ストレスが少なく長続きしやすい
固定費、生活費も少なすぎないので全体的にゆったり
頑張りすぎなくてもお金がそこそこ貯まる状況

LESSON 12

月の家計と年の家計

私が考える家計の基本構造は、固定費、生活費、特別費、貯金の4層構造です。

固定費、生活費、特別費の支出を左の図のように、月ごとで見てみましょう。

左の図では、固定費、生活費は、厳密には多少の差がありますが、毎月ほとんど同じと言えます。そのため、「毎月だいたいこれくらい必要」という予測が立てやすい支出と言えます。あきの家計管理では、これを「月の家計」と呼びます。

それに対して、特別費は、税金や旅行代などで、月よっては、その月の収入を大きく超えて「赤字」になります。また、月による支出のデコボコも大きく、「毎月いくら必要」とは言いにくい支出です。これは、月で見るよりも年で見る方が分かりやすいので、「年の家計」とします。

家計は、大雑把にいうと、「月」で回した方が分かりやすいもの、「年」で回した方が分かりやすいものに分かれています。それを区別せず、「月」だけでやりくりを成立させようとすると、途中で訳が分からなくなったり、なんとかして月を黒字にするためにムチャな節約をせざるを得なくなる…という悪循環に陥りがち。細かく言えば、「週」「日」で回した方が分かりやすいものもあります（週や日の回し方は、STEP4）。

家計の成り立ち

	月の家計		年の家計	
4月	固定費	生活費	特別費	春休み
5月	固定費	生活費	特別費	GW
6月	固定費	生活費	特別費	税金
7月	固定費	生活費	特別費	夏休み
8月	固定費	生活費	特別費	夏休み・お盆
9月	固定費	生活費		
10月	固定費	生活費		
11月	固定費	生活費		
12月	固定費	生活費	特別費	冬休み・クリスマス
1月	固定費	生活費	特別費	お正月
2月	固定費	生活費		
3月	固定費	生活費	特別費	新年度準備・春休み

LESSON 13

成功率100%の家計を作るコツは？

家計の基本は、まずは年間で自由になるお金の上限を知ること。次に、月にいくらまで、年にいくらまでなら安心して使えるのか？貯金はいくらするのか？というお金の配分を月単位、年単位で作っていくことです。**先に使えるお金の上限を決めてしまい、あとは毎月使えるお金の上限以下になるように支出を収めるだけ。**これができれば、緊急事態が発生しない限り**100%の確率で目標通りの貯金ができます。**そんな風に使えるお金の上限を決めてしまうなんて窮屈…と初めは感じるかもしれません。

でも、使えるお金の上限があれば、ここまでは使っても大丈夫と安心することもできます。

とりあえず1円でも安いものを買えばいいと思っていたものが、少し贅沢をしても大丈夫！と考えられるようになったり、来月の大きな出費をどうにかしなくては…と、お金の工面に焦らなくなったりします。

このような安定した家計管理のために、P35で紹介した「月の家計」と「年の家計」に、月にいくら使えるか？年にいくら使えるか？という具体的なお金の流れと枠を作り、次に週にいくら使えるか？1日いくら使えるか？を考えていきます。

これが成功率100%の家計を作るコツです！

成功率100%の家計の作り方

❶「月の家計」と「年の家計」に、お金の流れと枠を作る

□月の家計…固定費、生活費　□年の家計…特別費

月にいくらまで使えるのか？どう回すのか？

年にいくらまで使えるのか？どう回すのか？

貯金はいくらするのか？

を具体的に考えていく

↓

❷「月の家計」と「年の家計」に「週単位」「1日単位」のお金の流れと枠を作る

□固定費…小遣い、教材費など　□生活費…食費、日用品、娯楽費など
□特別費…冠婚葬祭、旅行など

月でいくら必要かを確認しながら

日でいくら必要？

週でいくら必要？

を考えていく

1日いくら使えるか？ 1週間でいくら使えるか？よりも
月でいくら使えるか？ 年でいくら使えるか？が
考えられるようになると、成功率100%の家計に近づける

column

もし、見直せるなら固定費を減らす

まず見直すなら固定費から！とよく聞きますよね。確かに、家計の中の固定費の割合は、実はとても高いものです。まあいいや、とりあえずで加入してしまったあれやこれ。使ってないのに、月数百円だからと払い続けているアプリ料金…。ほんのちょっとが積もり積もって、いつのまにかパンパンに膨れ上がっていることがあります。

お金が貯められない人ほど、家計の中の固定費の割合が高く、**ムリなくお金が貯められている人ほど、固定費の割合が低い傾向があります。**家計に占める固定費が少ないほど自由になるお金は多くなるので、実際に家計管理を始める前に、固定費をできる限り減らすと家計がラクになります。**固定費は、減らしても生活が窮屈になるわけではないので、一番ストレスなくラクに減らせる支出。**

ただでさえ子どもが大きくなれば、学費など自然に増える固定費。あれもこれも当然必要。ちょっとくらいまあいいや。ちょっとした支出の積み重ねで、気づいた時には、固定費でパンパン。生活費、特別費に回すお金がない！食費さえままならないんだから、貯金なんてできるわけがない！という家計にならないように、慎重な選択が求められます。

固定費の見直しやすいポイント

年金・保険

□よく分からないうちに高額になっていないか？
□貯蓄性商品が多すぎて支払いが苦しくないか？
□加入不足で頼りなくないか？
□車の保険も意外と盲点。他社のりかえで安くなることも…
□積極的にプロに相談する

通信費

□格安スマホを検討してみる
□格安スマホでなくてもプランの見直しだけでもやってみる
□アプリや留守電など、利用していないものは数百円でもはずす

光熱費

□使っていないコンセントは抜いてみる
□マニアックな技よりベタな技を実行してみる
□電気、ガス、水道が各月10,000円を超えていたら、結構高い！
（オール電化、地域の事情などの場合を除く）

習い事

□月数千円だから…と安易に増やしすぎない
□月いくらより、発表会や合宿なども含め年にいくらで考える
□課題がたまり続けている通信教育など、
やる気が見えないものは思い切ってやめる

その他

□行っていないジム、使っていない駐輪場、ムダな年会費
月数千円でも、不要なものは面倒がらずにやめる
□解約の電話をするのが面倒だからと、ズルズル契約続行しない
□ローンや借金などを安易に増やさない

column

グレーゾーンも見逃さない！①

家計にはグレーゾーンになりやすい支出というものがあります。特に、グレーゾーンになりやすいもののひとつは、「小遣い」です。

小遣いの金額は、収入や世帯構成や価値観によってさまざまです。

あきの家計管理では、小遣いは、「仕事で使う小遣い」と「遊びや趣味で使う小遣い」の二つに分けて考えます。「仕事で使う小遣い」とは、ランチ代や最低限の飲み会や交通費など、仕事で使うお金のこと。仕事の小遣いは、仕事上やむを得ないので削りようがないことが多いものです。

「遊びや趣味で使う小遣い」は、衣類、美容院、化粧品、雑貨など、仕事以外で使うお金のこと。

遊びや趣味で使う小遣いは、多すぎると、家計を圧迫することがあります。特に、夫婦ともに小遣いをもらっていて、さらに別にカード払いで個人のものを買うのもOK、家計のお金から衣服費も出している…という場合は、小遣いがさらに上乗せされているのと同じです。家計管理を始める前に、小遣いの金額も見直しておきましょう。でも…仕事で使う小遣いしかもらってないのに、お父さんの小遣いを削るのはかわいそう。

見直すのは多すぎる遊びや趣味で使う小遣いだけにしてくださいね！

小遣いの基本

小遣いは、「仕事で使う小遣い」と
「遊びや趣味で使う小遣い」に分けて考える

仕事で使う小遣い例

- □仕事のランチ代
- □通勤費
- □多少の仕事の飲み会
- □仕事の立て替え払い

→ 減らさないが基本

遊びや趣味で使う小遣い例

- □衣服　□雑誌　□趣味
- □美容（化粧品やサプリメントなど）
- □美容院　□多すぎる飲み会
- □プライベートな友人とのつきあい

→ 多すぎる時は減らす

おひとり様

おひとり様は仕事とプライベートの境界があいまいになりがち。今月使いすぎたのは仕事のためか遊びのためかを把握すると◎

夫婦ふたり暮らし

おふたり様なら個人の自由を尊重したいもの。よほどの生活苦でない限りは、散財にならない程度に多少遊びや趣味があった方が潤います

子育て中の夫婦

子育て中は子供にお金がかかるもの。独身の時のように遊びや趣味が多すぎると散財になりがち。特に夫婦別財布だと遊びや趣味に走りがち。ゼロにせず、上限を決めると◎

column

グレーゾーンも見逃さない！②

家計のグレーゾーンで、もっとも注意が必要なのは、カード払いです。

カード払いにすると、ポイントが貯まるから、安く買えるからと、安易に何でもカード払い。このようなカード払いの仕方をしている人で、うまく家計管理ができている人は、ほんの一握り。

あとひとつ買えば送料無料だから、これはバーゲンで半額になってるから、予定外の買い物でも買わなきゃ損、というような思考パターンに陥り、ほとんどの人が貯まるポイント以上に使いすぎてしまいます。

毎月いくらのカード払いの請求が来るか請求書がくるまで分からない、給料が入ったと同時にカードの支払いで現金がなくなり、カードを使わないと買い物ができない、リボ払いが延々と続いていて終わりが見えない、というような支払いサイクルになっている人は、かなり要注意。

多額のカード払いがあると、家計の計画も立てにくく崩れやすい傾向があります。

カード払いをできる限りゼロに近づけるだけで、家計が正常に回り始める人も多いので、積極的に減らすと家計がラクになりますよ。

できれば、現金払い扱い（左ページ参照）にして、スパッとゼロが理想です！

カード払いの基本

こんな使い方は要注意

- 毎月いくらの請求がくるか請求書がくるまで分からない
- 給料が入ったと同時に、カード払いが引かれ、手元に現金がない
- リボ払いの終わりが見えない
- 夫婦で別のカードを利用していて、小遣いとは別枠になっている（小遣いとは別にカード払いがある）

【改善策】

夫婦で1枚のカードにする

家計用の家族カードは夫婦で1枚がベスト。小遣い用のカードは夫婦で各1枚。計3枚までだと管理がラク

分割払い、リボ払いはしない

マイホームなど、かなり大きな買い物以外はしない（現金が貯まってから買うクセをつける）

基本的に使わない

利用回数が少なければ、来月の請求額も分かるようになる

カード払いは現金払いと同じ扱いで

買い物額の現金を財布から抜く。引き落とし月に口座に入金

column

先取り貯金は、どう考える？

貯金を成功させるには、先取り貯金が大切とよくいわれます。お金を使う前にまず貯金をし、残ったお金で生活する。これができれば100％貯金に成功します。もちろんその通りだと思います。しかし、実際には、**せっかく先取りで貯金をしても結局お金が足りなくなり、すぐに崩してしまう、月の給料が高くなく、先取り貯金をしてしまうと、月の生活がとても苦しくなり、やりくりがつらい…という先取り貯金に向いていない家計が存在します。**

理想的な家計の場合は、毎月先取り貯金をしても、月の生活に影響がないので、先取り貯金をするだけで貯金も成功。先取り貯金をするだけなのですから、貯金法としてはとても簡単で優秀です！でも…、先取り貯金をすることで、毎月の生活費が足りなくなり、ボーナスや手当で赤字を埋めているのでやりくりの訳が分からなくなる、すぐに崩してしまうので、結局貯まらないという場合は、先取り貯金を一度お休みすることを視野に入れてもいいのではないかと思います。

家計のサイクルをしっかりと頭に入れ、「これならもう貯まったと思ったら崩す」を繰り返さない、という自信がついてから再チャレンジしても遅くはないと思います。

先取り貯金の基本

先取り貯金が向いている人

- 月収が高く、ムリなく引き落としが可能
- 毎月の黒字額が多い
- 毎月多額のムダ遣いをしている自覚があり、先取り貯金をすることでムダ遣いが抑制できる
- 先取り貯金をしても生活が苦しくならない

理想的

先取り貯金をすることで順調にお金が貯められます
ムリのない範囲で先取り貯金を続けると◎

先取り貯金が向いていない人

- 月収がそれほど高くない
- せっかく先取り貯金をしても、なんだかんだですぐ崩し、残らない
- 先取り貯金をすると、毎月の生活がものすごく苦しくなる
- 先取り貯金のために毎月の生活費が足りなくなり、ボーナスや手当で赤字を埋めているので、やりくりの訳が分からなくなる

先取り貯金をするために、生活を
もっと小さくすることこそ大事という意見もありますが、
あまりに厳しい生活では
外食ひとつできないケチケチ生活を一生続けるハメに…

↓

先取り貯金を一度お休みして、
残業代、ボーナス、手当を貯金することから始め、
家計が安定してから再チャレンジするのもひとつの手

STEP 2

月の家計を仕組み化する

月の家計を制覇する！
ひと月単位の家計の回し方

あきの家計管理は、「月の家計」と「年の家計」にわけて行います。
まず管理するのは「月の家計」から。
「月の家計」の家計管理では、月にいくら使えるのか？どう回すのか？
月に使えるお金の基本の枠と流れを具体的に作っていきます。
最終的に「月の家計」は、毎月同じことを繰り返すだけの「ルーティン」にまで
落とし込んでいくと、手間いらずで家計管理がグンとラクになります！
月にいくらまで使ったら黒字なのか？赤字なのか？貯金はできるのか？
という家計の基本がはっきりと数字で見えるようになります。
シンプル＆簡単なので、一度仕組み化すると、
家計の迷いがなくなり、スムーズにお金が流れるようになります。

LESSON 14

月にいくら使えるか？の枠と流れを決める

月の家計とは、毎月のやりくりのことです。あなたは今月の生活をいくらでやりくりすれば黒字になるか知っていますか？知らないうちに使いすぎて、気づいたらいつも赤字になっていませんか？

これは、**月にいくらまでなら使えるのか？がわかっていないから起こるのです。**

毎月のやりくりで考えることは、P13の家計の基本の図の固定費、生活費です。固定費は、住宅費、光熱費など、毎月または年に数回必ずある支出。生活費は、食費、日用品といった日常的に出るこまごました支出のこと。

月の家計では、固定費と生活費の中に、毎月これくらいのお金で生活できればいいという大まかなお金の枠と流れを作っていきます。

STEP2では、月にいくら以上使ったら赤字なのか、毎月先取り貯金ができる家計なのかを確認しながら、月の家計を毎月いくらをどのような流れでやりくりするか具体的に計画していきます。

月の家計のお金の枠と流れを複雑にしない。シンプルに整える。これがきちんとできると、月の家計が驚くほど安定し、あれこれ考えることなく月の家計が回せます。ラクしてお金を貯めている人は、だいたいすでにやっていることなのです。

月の家計を決める

毎月のやりくりを成功させるコツは
月の家計のお金の枠と流れを作ること

月の家計

固定費 ＋ 生活費

目標

□月にいくら使えるか？どう回すか？が分かるようになる
□月の家計を毎月同じ作業を
繰り返すだけのルーティンにする
□先取り貯金に向いている家計なのかが分かる
□黒字と赤字の境界線をはっきりさせる

- お金の枠と流れがシンプルになり分かりやすくなる
- 毎月同じ作業を繰り返すだけなので、
家計管理の時短になり、ラクになる

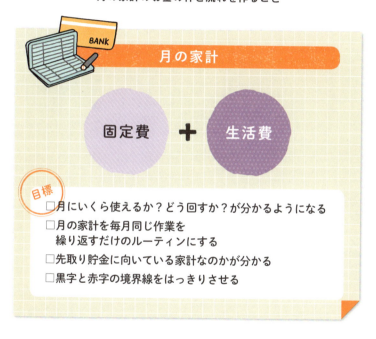

LESSON 15

月にいくら使える？の計算式

まずは、月の家計にお金の枠を作ります。月にいくらまでなら使えるのか？いくら以上使うと赤字なのか、黒字なのか？その境界線をはっきりさせておきましょう。

月の家計とは、固定費と生活費です。このふたつにだいたい毎月いくらが必要かを計算してみます。

計算方法は、次のようになります。

1. 毎月必ずかかる固定費を書きだす（A）。
2. 月の給料を書きだす（B）。
3. B－Aで月の生活費のベースを計算する。

3で計算した金額が、**本来1ヵ月で使える基本の生活費となります。**左の例でいうと、月9万円です。**月の家計は、このベースの生活費以下でやりくりできないと赤字です。毎月赤字なら、慢性的な赤字をかかえる家計となります。**

月の生活費が思ったより少ない、これで1ヵ月の生活費が回るわけがないと思うこともあるかもしれません。でも、ここで出した生活費の計算には、月の給料以外の収入が含まれていないことを忘れないでくださいね。つまり、月に使えるお金がこれしかないというわけではないということです。また、これだけでは赤字になる場合の対策も次ページから考えていきますので、今の段階であれこれ焦らないでくださいね。

月の生活費の計算方法

【記入例】

❶毎月必ずかかる固定費を書きだす(P17)

口座引き落としの固定費	月 140,000円
現金払いの固定費	月 50,000円
合計	**月 190,000円(A)**

↓

❷月の給料を書きだす(P15)

夫	月 200,000円
妻	月 80,000円
合計	**月 280,000円(B)**

※残業代や年末調整はP77で計上。ここでは計上しなくてOK

↓

月にいくら使える？月の生活費のベースを計算する

(B)280,000円－(A)190,000円＝90,000円

↑

基本の月の生活費のベース

LESSON 16

その金額で、本当に生活できる？

前ページで基本の月の生活費のベースを計算しましたが、同時に本当にその金額で1ヵ月の生活をまかなえるかを考えてみてくださいね。確かに、前ページで計算した基本の月の生活費以下で生活費をやりくりできれば、月の家計は100%黒字になります。

でも…、ボーナスはそこそこもらえるけど、月の給料の金額は低め…というような家計の場合は、計算した基本の月の生活費ではとても生活できないことがあります。

それを精神論でなんとかするのが節約でしょうと思うかもしれませんが、それでは月の家計は外食ひとつできず、見切り品を買ってしのぐような相当にケチな生活をしないといけないことになりかねないですよね。それでも月を黒字にすることこそ大切と思えば、それもひとつの選択です。

でも…、多くの場合は、それでは足りないからと赤字分のお金をボーナスや手当からずるずると割り当て、気づけばボーナスも手当も入ったと思ったらないというような状況になります。

月の生活費は、食費、日用品など、ダイレクトに日々の生活に響く支出。不必要にケチケチするより、普通に生活できる金額を確保する方が気持ちもやりくりもラクになりますよ！

月の生活費で生活できているか？

月の給料 − 月の固定費 ＝ 月の生活費

例 280,000円 − 190,000円 ＝ 90,000円

↓

月の生活費で1ヵ月生活できる？

YES

毎月黒字の理想的な家計！

先取り貯金にも向いているので、積極的に取り入れてOK。余裕があれば、特別費（P81）にもお金を回すと◎

わからない

月の生活費で生活できるか一度試してみて

足りないならあといくら必要かを考えると◎（例：あと月20,000円は必要など具体的に）。1ヵ月だけ家計簿をつけるのも◎

NO

家計は毎月赤字の状況

先取り貯金をはじめても、さらに生活が苦しくなったり、すぐに崩す可能性大！先取り貯金には向いていない家計です

P54へ

※月の生活費でまかなうものは、
食費、日用品、娯楽費など（P23）
※固定費や特別費は含まない

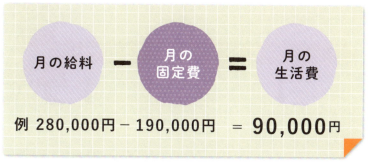

前ページより

↓

残業・ボーナス・手当はある？

YES

月の生活費は100,000円を超えている？

YES

月に120,000円でも足りないなら浪費傾向あり

少しずつ減らして節約に

NO

どうしても苦しい時は、月10,000円ずつ生活費を追加

ケチケチしすぎずに生活できる金額はいくらなのか様子をみて（赤字はボーナスや手当でうめます〈P77〉）

NO

もう一度固定費を見直す
（P39に戻る）

固定費削減または収入を上げる方法はある？

YES

月の生活費を再計算してみる

（P51に戻る）

NO

苦しくても月の生活費でやりくりする必要が

あまりに苦しい時はプロの手を借りて

収入より支出が多いので、やりくりだけでは限界が。自力回復が難しい家計です

月の生活費と世帯構成

年収1,000万円以下世帯の月の生活費の目安

1人、または2人家族	60,000〜80,000円	100,000円±20,000円が平均的
3人家族	70,000〜 90,000円	
4人家族	80,000〜100,000円	
5人家族	90,000〜110,000円	

※世帯構成に対して月の生活費が低すぎる場合は、
ケチな家計の可能性大！食費などが少なすぎ、栄養不足の場合も…
※月120,000円を超えていると浪費傾向
※あくまで目安。好みや条件に応じて。参考程度に

長年家計管理をしてきた感覚として、私の月の生活費の基準は、月10万円±２万円です。

家族構成にもよりますが、年収１０００万円以下の世帯で、月の生活費が12万円以上になってしまう方はやや浪費の傾向があります。

年収が高い方でも、住宅費、光熱費、小遣い、習い事、教育費といった固定費を除くと、月10万円前後の生活費で充分ということが多々あります。

年間で多額の貯金をしている人の中には、極端に生活費が少ない方がいます。貯金はできても、栄養の足りない食事で健康を犠牲にしたり、家族にもムチャな節約を押し付ける節約ぶりには、疑問が残ります。**月の生活費は、どうしても苦しい家計をやりくりせざるをえない状況の場合を除き、ややゆったりめの計画が長続きのコツです。**

LESSON 17

月の家計のお金の流れの作り方

月にいくらまでなら使える家計なのか？は計算できたでしょうか。やり方はともかく、毎月の家計のお金の枠をはみ出さなければ、100％黒字です！しかし、現実には枠を決めるだけではうまく家計が回らないことがあります。

どこにいくらのお金が入っているか？どこにいくらのお金を入れればいいのか？というお金の流れが上手くできていないと、今いくら使ったのか？あといくら使えるのか？がお金の出し入れを繰り返すうちに分からなくなり、知らないうちにお金の枠をはみ出すことがあります。

そのような、知らないうちの赤字を防ぐために、

まずは、お手持ちの口座の役割を

1．引き落とし口座（固定費、生活費）
2．一時保管口座（特別費〈STEP3〉）
3．貯金口座（貯金専用〈STEP3〉）

の3つに分けてみてください。

さらに、引き落とし口座は、給料口座と固定費などの自動引き落とし口座に分けるのがオススメ。給料口座と引き落とし口座が一緒になっていると、お金が増えたり減ったりするうちに、あといくら使えるか？を見失いやすいからです。**通帳の役割を分けることで、あといくら使えるか？がはっきり分かります。**

通帳の役割を分ける方法

❶通帳は3つに分ける

各数冊あってもOK。3つのカテゴリーに分けるということ

↓

❷引き落とし口座を整理する

夫（給料口座）	妻（給料口座）	引き落とし口座
●給料入金 ●夫カード支払い	●給料入金 ●妻カード支払い	●固定費の引き落とし ●家族カード支払い ※手当の入金先に指定しない

給料の入金口座と引き落とし口座を分ける

お金の出入りを整理すれば、**引き落とし口座の残高を見るだけ**で月の家計が**赤字か黒字か分かる**

LESSON

18 月の家計をルーティンにする

月にいくら使えるか?を計算し、口座の役割を3つに分けると、常に今月あといくら使えるか?が引き落とし口座の残高と手持ちの現金を見れば、即座に分かるようになります。

なおかつ、あきの家計管理では、月にいくら使えるか?のベースは、初めの数ヵ月は変動してもかまいませんが、数ヵ月がたち、やりくりが安定したら、変更しないのが基本です。残業、手当、ボーナスがあるからと、月にいくら使えるか?を毎月変えていると、収入が多い月は使いすぎ、少ない月はカツカツになるという不安定なやりくりになります。毎月今月の家計で使えるお金は…と電卓をたたいて再計算をすることにもなり、余計な手間と時間がかかります。

家計管理に時間をかけず、なおかつ安定したやりくりのために、毎月のお金の動かし方は、毎月同じことを繰り返すだけのルーティンにおとしこむとラクになります。

具体的にどのようにお金を動かしていけば、毎月同じことを繰り返すだけのルーティンになるのか、左のページで紹介します。**基本は、毎月給料口座から決まった金額をおろし、決まった金額を決まった口座に入金する分と持ち帰りに分ける。毎月の作業はたったこれだけです。**

毎月のお金の流れの作り方

夫・給料口座給料
200,000円

妻・給料口座
80,000円

月の給料
280,000円

・特別費
・貯金
・先取り貯金
など

ボーナス・手当がない家計
月の生活費に余裕がある家計に

引き落とし口座
固定費（P17）
140,000円入金

現金
現金払いの固定費（P17）
50,000円
＋
生活費（P51）
90,000円
合計140,000円をおうちに持ち帰り
（やりくり法→STEP 4）

※多額のお金をおうちに置いておきたくない人は、引き落とし口座に
生活費分は全額入金し、なくなったら都度おろすでもOK
（ただし、おろせる上限は140,000円）

月1回でOK

1. 夫給料口座から200,000円をおろす
2. 妻給料口座から80,000円をおろす
3. 口座引き落としの固定費に定額を入金（140,000円）
4. 現金払いの固定費や生活費は現金で持ち帰り（140,000円）

同じことを12ヵ月繰り返すだけのルーティンにする

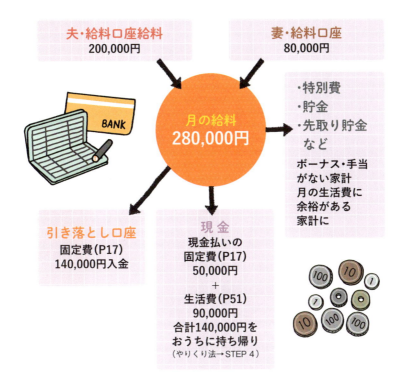

LESSON 19

残っている自由になるお金は？

毎月いくら使えるか？どのようにお金を回すか？を決めることができたら、あといくら家計に残っているのか？を調べてみましょう。

家計に残っているお金（特別費または貯金に使えるお金）は、P21で計算した自由になるお金から、年の生活費を引くだけ分かります。年の生活費は、P51の基本の月の生活費に×12をした金額です。

月の家計のベースを決めると、年間でいくらまでなら貯金ができる家計なのか？旅行などのお楽しみにいくらまでなら使ってもいいのか？など、家計の現状がリアルな数字で見えてきます。

特別費と貯金に使えるお金が多ければ多いほど、ケチケチせずにお金が貯められます。

反対に、残った自由になるお金が30万円以下など少ない場合は、今年はやや苦しいやりくりの1年になりそうだと、予測することができます。

どう頑張っても爪に火をともすほど節約しないと特別費と貯金に残せるお金がない…という場合は、やりくりだけでなんとかするより、少しでも収入が増やせる方法を考えた方がいいことがあります。

収入以上の貯金は残せないのですから、節約だけでお金を残すには限界があります。

残っている自由になるお金を計算する

月の生活費	×	12	=	年の生活費
90,000円 ※計算はP51	×	12	=	1,080,000円

自由になるお金	−	年の生活費	=	特別費または貯金に使えるお金
2,000,000円 ※計算はP21	−	1,080,000円	=	920,000円

特別費または貯金に使えるお金が多ければ多いほど
ケチケチせずにお金が貯められる！

残金が300,000円以下の場合

ややし苦しいやりくりの1年になりそう
- ▶もう一度固定費を見直す（P39）
- ▶もう一度生活費を見直す（P51）
- ▶もう一度収入が増やせないか考える

できれば500,000円以上、理想は1,000,000円以上

去年の貯金額と比較してみる

去年の貯金額　300,000円（P31）
920,000－300,000円＝去年のなんだかんだで使ったお金
（※収入が大きく変わっていない場合）

去年のなんだかんだで使ったお金を思いだしてみる

何に使ったのか分からない…

贅沢したつもりはない…

メリハリのない、ダラダラ支出だった可能性が大！

LESSON 20

基本の月の生活費は、折にふれて見直す

月の給料をベースにして、月の生活費を計算しましたが、月の生活費はときどき見直した方がいい支出です。子どもが大きくなって成長期に入っているのに、赤ちゃんの頃と同じ食費でやりくりしようとしたり、ムリをするとストレスが溜まります。**固定費も生活費も子どもの成長とともに増えて当たり前です。**

雑誌などに掲載されている節約主婦を見ると、月に2万円の食費でやりくりしている。それに比べてうちは…と悲観的にならなくても大丈夫。

そのような低予算でやりくりしている家計の世帯は、子どもがまだ小さくて習い事などの教育費がほとんどかからない、子どもがいない、子どもの数が少ない、まだ若くてつきあいをするほどの人脈も少ないなど、低予算でやりくりできる条件がそろっている場合が多いものです。**人と比べる必要はありません。**

これくらいの生活費があればそれほどストレスなく1ヵ月やりくりできるけど、これ以下は厳しいという境界線は誰にでもあるものです。浪費がちであれば、生活費を月に1万円減らせるだけで年間12万円の節約ができます。だいたい1年ごとに子どもの成長や収入などの条件に応じて見直しをすると、苦しくなりすぎることを防げます。

家計を苦しくさせない生活費の決め方

月の生活費 90,000円（計算はP51）

もし、月10,000円節約できると…

10,000円×12ヵ月＝120,000円の節約

もし、月10,000円支出が増えると…

10,000円×12ヵ月＝120,000円の支出増

↓

**子どもの成長や収入などの条件にあわせて
時々見直すとベスト！**

家計を苦しくしないポイント

- 子どもが大きくなってきているのに
赤ちゃんの頃と同じようにやりくりしようとしない
- 他の人と比べて一喜一憂しない
- 無理をしすぎず、自分なりのちょうどいい生活費を見つける
- ケチケチしすぎるより、普通に生活できる金額にすると、
ストレスが少なく、長続きする

column

残業代や年末調整がある月は？

月の家計は、毎月同じ金額でやりくりするルーティンにするのが安定したやりくりのコツです。

しかし、残業代や年末調整などで、月の給料がいつもより多い月もありますよね。

そのような月の、家計で決めたお金の枠からはみ出しているお金は、いつまでも口座に残しっぱなしにせず、一時保管口座（特別費）か貯金口座（貯金専用）に入金しておきます（具体的な計画は、STEP3）。**収入が多かった月のお金は、別口座に分ける。収入が多かったからといって、月の生活費は上げない。**

こうすることで、ムダに生活費が膨らんだり、油断して冷蔵庫や家具などの大型支出につい手を出してしまったりするのを防げます。

また、毎月いくらまで使えるのか？が分からなくなるという混乱も防ぐことができます。

せっかく収入が多かったのに、何も残らなかった…ではもったいないですよね。

支払いに追われる傾向がある人ほど、生活費に安定感がない傾向があります。目先の収入が多いと使い込み、少ないと極端に節約するというような不安定な家計のやりくりを繰り返すうちに、お金が消えてしまうという事態を防ぎます。

収入が多い月のやりくり法

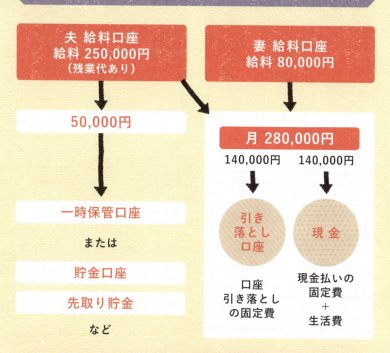

夫 給料口座
給料 250,000円
（残業代あり）

妻 給料口座
給料 80,000円

50,000円

一時保管口座

または

貯金口座

先取り貯金

など

月 280,000円

140,000円 → 引き落とし口座
口座引き落としの固定費

140,000円 → 現金
現金払いの固定費
＋
生活費

月の収入が増えても、
月の家計の枠と流れは変えない！

月によってやりくりの金額を変えると…

- 収入が多い月に使い込み、
  収入が少ない月にはカツカツ…
  という不安定な生活になりやすい

column

収入が2ヵ月に一回など、不定期な場合は？

月の家計を毎月同じ金額で回すといっても、月の収入が2ヵ月に一回だったり、自営業などで月の収入にかなりのバラつきがある場合があります。その場合でも、月の家計は毎月同じ金額でやりくりするように計画すると家計が安定します。月の収入に大きなバラつきがある場合は、次の手順で家計を計画します。

1. 数ヵ月分の収入を合計
2. 収入を数ヵ月分の月の家計に分配する

自営業などで、月の収入がなかなかはっきり分からないという場合は、1年前の同じ月の収入が参考になると思います。

時々、うちは収入が毎月じゃないので、やりくりの計画が立てられないという人がいます。でも、収入がある月の単位で区切って計画を立てれば案外すんなりと回ることが多いです。例えば、収入が2ヵ月おきなら2ヵ月単位で、3ヵ月おきなら3ヵ月単位でまとまりを作ってお金を配分します。

収入がある月とない月で、月の家計に使うお金を変えずに、毎月同じ作業を繰り返すルーティンにします。

収入がある月に使いすぎ、収入がない月の生活がカツカツにならないように、均等に配分する工夫をすると家計をラクに回せます。

収入が不定期な家計のやりくり法

4月　収入500,000円

5月　収入　　　0円

月の家計（固定費＋生活費）220,000円の場合

収入500,000円

↓ 250,000円をおろす

月　250,000円

- 110,000円 → 引き落とし口座
  - 口座
    引き落としの
    固定費
- 110,000円 → 現 金
  - 現金払いの
    固定費
    ＋
    生活費
- 30,000円 → 一時保管口座
  - または
  - 貯金口座
  - 先取り貯金
  - など

12ヵ月繰り返す

- 収入が多い月に贅沢をしたり、
  収入が少ない月を質素にしたりしない
- 一度決めた枠と流れを変えずに
  12ヵ月繰り返す

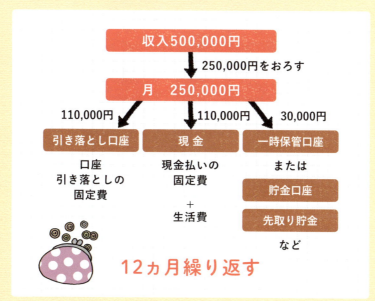

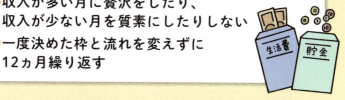

column

収入が月に数回バラバラな時は？

月の収入が月に何回かある場合でも、ひと月単位で収入をみて分配すると家計が安定します。

理想は、1ヵ月の収入がすべて入金されてから次の1ヵ月のやりくりにお金を配分することです。これができると、家計の流れをつくる作業が月に一度ですみます。

しかし、実際には支払いの期日などの関係で、収入が入金されたら、都度お金を配分しないと支払いが追いつかない場合があります。

その場合は、月に何回か入出金を繰り返しながら調整します。

どちらの場合でも、**最終的にひと月で使う金額は同じです。**

時々、うちは夫と妻で給料日が違うので、やりくりの計画が立てられませんという人がいます。でも、**何日にいくら収入があるという目先のお金の動きだけにとらわれず、月にいくら収入があるという月単位のお金の動きを主体にして配分を考えるとうまく回すことができます。**

こちらの家計も、月の家計で使うお金は毎月同じです。

12ヵ月同じ作業を繰り返すだけで、生活が安定し、作業のムダを省くことができます。

収入が月に数回の家計のやりくり法

例えば…

□4月10日	100,000円
□4月20日	120,000円
□4月30日	100,000円
合計	320,000円

1ヵ月の合計収入　320,000円 とする

理想

収入　320,000円

- 140,000円 → 引き落とし口座：口座引き落としの固定費
- 140,000円 → 現金：現金払いの固定費＋生活費
- 40,000円 → 一時保管口座：または 貯金口座、先取り貯金 など

月末に320,000円をおろし、配分する×12ヵ月

難しい場合は…

	引き落とし口座	現金 ※持ち帰り	一時保管口座 または 貯金口座、先取り貯金など
4月10日	50,000円	50,000円	
4月20日	30,000円	90,000円	
4月30日	60,000円		40,000円

口座引き落としの固定費の
タイミングと金額に合わせて配分をかえる

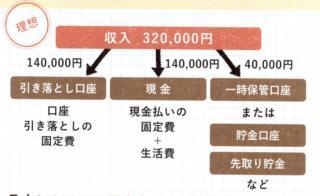

column

カード払いも工夫して

カード払いは、P43で紹介したように、家計の抜け穴になりやすく、カード払いがあるために家計がうまく回らないことがあります。一番いいのはカードを使わないことですが、現代社会では全くカードを使わないというのも不便ですよね。そこでオススメなのが、**カードの枚数と使い方を整理しておく方法です。カードは、夫婦で各1枚、家族カードで1枚の合計3枚までに抑えるようにすると管理がラクです（成人している子どもは除く）。**

夫婦のカードで支払うものは、各自の個人的な買い物のみにします。支払いの設定は、各自の給料口座にします。カード払いを小遣いとは別枠にしてしまうと、浪費を招きがちなので、月の利用額は小遣いの範囲内におさめます。

一方、家族旅行、家電、子ども服など、子どもや家族で使うものの支払いは、家族カードで。支払い先の設定は、引き落とし口座に。

個人のカードの支払いを、引き落とし口座に設定したり、家族カードの支払いを給料口座に設定したり、複数のカードを使っていると、支払いがグチャグチャになりやすく、訳が分からなくなる原因になりかねません。カード払いの流れも簡単&シンプルにすると家計管理がラクになります。

カード払いをシンプルに

夫 給料口座	妻 給料口座	引き落とし 口座
夫のカード払い 自分のものは自分のカードで。月の小遣いの範囲に利用額は収める	**妻のカード払い** 自分のものは自分のカードで。月の小遣いの範囲に利用額は収める	**家族のカード払い** 家族の支払いは家族カードで

自分のものでも、
家計から買うものは家族カードでOK

家族カードを使う時

❶購入時に現金を取り分けておく
❷引き落とし月に口座に入金

現金払いのように処理するのが理想

個人のカードを使う時

● 使い道は個人の自由
● 利用額は小遣いの範囲内に

個人のカードは小遣いの範囲内なら
現金払いのようにしなくてもOK
（面倒でなければ、現金払い扱いにしてもOK）

STEP 3

月の家計と年の家計を予算内に収める工夫

年の家計を仕組み化する

月にいくらまで使ったら黒字なのか？赤字なのか？
が分かったら、次は「年の家計」を仕組み化します。
「年の家計」の家計管理では、年にいくら使えるのか？
どう回すのか？年に使えるお金の基本の枠と流れを作っていきます。

「年の家計」も、年に数回同じことを繰り返すだけの
「ルーティン」にまで落とし込めるとベスト！
今年はいくら貯金ができそうか？厳しい一年になるのか？
がはっきり分かります。

成功率100％の家計を作る秘訣は、「年の家計」にアリ！
「年の家計」が制覇できれば、「お金を使う不安」からは卒業です！

LESSON 21

年にいくら使えるか？の枠と流れを決める

年の家計では、1年でいくら貯金ができそうか？旅行などにはいくらまでならお金をかけられるのか？そもそも貯金はムリなのか？成功率100％の予算とは？といった家計の気になるところをはっきりと見える化していきます。年の家計とは、P13の家計の基本の図の特別費のことです。月の家計（固定費、生活費）をやや少なめにし、年の家計（特別費）をやや多めにとるというのが、メリハリ家計の基本です。

特別費を用意した方がいいということは、なんとなく聞いたことがある方も多いかもしれません。しかし、実際の運用法は？というと、貯まったと思ったら旅行などに使ってしまい結局何年たってもまとまったお金が貯まらない、収入が多い人じゃないと特別費なんか作れるわけがないと最初からあきらめる。そんな風に、上手に管理できない方が非常に多いようです。家計の不思議なのですが、収入が少なめでも住宅などを賢く選んでいる人も多く、**年収300万円の人と年収1000万円の人の特別費と貯金に残せるお金がほとんど同じ**という現象も起きます。

家計の中でも一番管理が難しいのが特別費。年の家計の制覇で、フクザツ、グチャグチャな家計が整います。

年の家計を決める

1年のやりくりを成功させるコツは
年の家計のお金の枠と流れを作ること

年の家計

特別費 ＋ 貯金

目標

- □年にいくら使えるか？どう回すか？が分かるようになる
- □年の家計を同じ作業を繰り返すだけのルーティンにする
- □年にいくら貯金ができるか？
  どのタイミングで貯金をするか？具体的に計画する

- お金の枠と流れがシンプルになり分かりやすくなる
- 同じ作業を繰り返すだけなので、
  家計管理の時短になり、ラクになる
- 貯金できる金額の目安が分かるので、お金の不安が減る

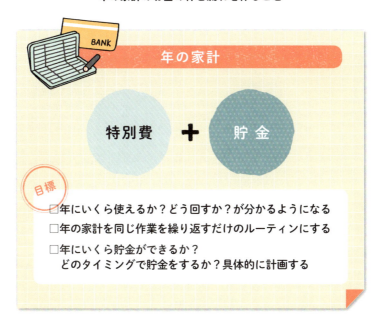

LESSON 22

まず決めるのは、貯金から！

年の家計では、根拠のない貯金目標ではなく、現実的に今の家計なら充分達成可能な貯金額を決めていきます。

P61で計算した特別費と貯金に使えるお金。この金額の範囲内で、特別費と貯金のお金の配分を考えていきます。

特別費と貯金では、まず貯金の配分から決め、次に特別費の配分を考えるのがコツです。

メリハリ家計は、**特別費と貯金の割合のデザインしだい。**

マイホーム購入のために、数年間は貯金一筋で頑張りたいと思えば、数年間は旅行などの特別費はぐっと我慢して貯金の割合を増やす。その代わり家族にも我慢が必要になります。

そこまでストイックに貯金に集中したいわけじゃないと思えば、貯金はそこそこ、特別費で旅行などのお楽しみ費用を確保する。

そのように貯金額と特別費を家族の将来のプランに合わせて変動させてみてくださいね。

P53で毎月赤字の家計の場合は、慢性的な赤字額を月2万円ずつ補てん×12ヵ月のように計画します。**毎月定額を補てんとして準備するのが赤字に振り回されないコツです。**

毎月黒字がある場合は、黒字額も財源とします。

貯金と自由に使える特別費

財源を確認する

❶920,000円の基本の財源は何？
（P15の月の給料以外の収入をチェック！）

□月の給料の残業代（月平均30,000円×6ヵ月）	＝180,000円
□年末調整	50,000円
□ボーナス 夏 250,000円　冬 300,000円	＝550,000円
□手当　児童手当	年間240,000円
□幼稚園助成金	年間100,000円
□月の黒字額　0円×12ヵ月 （P53で毎月黒字の家計は月いくら黒字かをチェック）	＝0円
合計	1,120,000円

❷年払いの固定費を確認する（P19）
200,000円

❸月の赤字額を確認する
※無しの場合　0円×12ヵ月＝0円

❶(1,120,000円)－❷(200,000円)－❸(0円)＝920,000円

貯金額を決める

年間手取り収入の年間10％～20％程度を参考に

□手取り収入の年間10％～20％	448,000円～896,000円
□今年の目標貯金額	500,000円

特別費の枠を決める

920,000円（特別費と貯金の枠）－500,000円（貯金）
＝420,000円（自由に使える特別費）

LESSON 23

家族の夢を叶える特別費

特別費のお金の枠が計算できたら、特別費の具体的な計画を立てていきましょう。

特別費とは、税金、冠婚葬祭、旅行、家電、高額医療費、誕生日やクリスマスプレゼント、美容院、衣服費、高額な化粧品やサプリメントのまとめ買い、ゴルフや野球観戦などの趣味費など、毎月ある支出以外のものです。

ここで計画するのは、税金など年払いの固定費を除いた、その他の自由に使える特別費です。

自由に使える特別費は、P77で計算したお金の枠の中であれば、自由に使い方を計画して大丈夫。

P80で紹介する特別費予算表を作成すると便利ですが、いきなり予算表を作成するより、まず**ざっくりと計画を立てる**とラクに予算表を作成できます。**予算内ならめいいっぱい好きな支出を詰めこんでOK。**自由になる特別費は、好きなだけ好きなように使っても貯金はすでに確保しています。

ポイントは、少しでも家族の希望を叶える支出をいれること。旅行なんて贅沢よ！ブランドの財布なんてうちには一生ムリ！なんて言わずに、**少しでも夢のある支出をいれてみてくださいね。**

予定外の支出に備えるために封筒積立（P113）をするのもオススメです！

自由に使える特別費の計画を立てる

自由に使える特別費のお金の枠の範囲内で使い道をざっくりと計画してみる
自由に使える特別費の枠　420,000円（計算はP77）

項目	内訳	合計
美容院	●夫　1回 2,000円×年4回＝ 8,000円 ●妻　1回 4,000円×年4回＝16,000円 ●子　1回 1,000円×年6回＝ 6,000円	30,000円
衣服	●夫 年間　40,000円 ●妻 年間　40,000円 子ども服は月の生活費から出す	80,000円
イベント	●母の日（5月）　7,000円 ●父の日（6月）　7,000円 ●歯医者（定期健診）　5,000円 ●インフルエンザ予防接種（10月）　10,000円 ●年賀状（11月）　5,000円 ●クリーニング（冬物）　3,000円 ●子ども誕生日（7月、2月）　5,000円×2＝10,000円 ●クリスマス　7,000円 ●実家帰省（手土産・交通費含む 8月、1月） 8,000円×2＝16,000円	70,000円
旅行 レジャー	●GW　25,000円 ●夏休み　50,000円 ●冬休み　50,000円 ●春休み　25,000円 今年は海に行きたい！	150,000円
封筒積立	●旅行（レジャー費）　30,000円 ●冠婚葬祭・高額医療費積立（臨時費）　30,000円 ●欲しいもの（家電・インテリア費）　30,000円	90,000円

家具を買い替えたい！

※年間でいくらと書きだします。
※ジャンルでまとめて書きだすと便利です。
※封筒積立はP113参照。

LESSON 24

特別費予算表を作ってみよう！

ざっくりと特別費の割り振りを考えたら、次は特別費予算表を作成して、何月にいくら特別費が必要かを確認するとより効果的です。特別費予算表にはＰ79の予算だけではなく、年払いの固定費（Ｐ19）と月の赤字額も一緒に書き込み、特別費として、一緒に管理すると便利です。

Ｐ79で配分した年間の予算を、具体的に、何月にいくらと落とし込んでいきます。配分するお金の金額の上限は、自由に使える特別費の枠（Ｐ79）と年払いの固定費（Ｐ19）と月の赤字額を足した金額です。年払いの固定費はその他、月の赤字額は臨時費欄に書き込みます。

封筒積立（Ｐ１１３）も、いつ積立するのか、具体的に書き込んでおきます。月にいくらの特別費が必要かの合計も計算します。**特別費の予算表は年に一度作成すればＯＫ。予定が変わったら変更しても大丈夫。ただし、収入が増えた時以外は、予定で使うお金の枠だけは変えないようにします。**

例えば、急に冷蔵庫が壊れて、年間３万円の封筒積立では足りない！という時は、旅行代を削って封筒積立に回すなど、途中で変更があっても、年間合計62万円は守るように計画していきます。たった一枚の表を作るだけで、もう大きな出費におびえなくなります。

特別費予定表の作り方

月	美容院	衣服費	臨時費	イベント費	レジャー費	家電・インテリア費	その他	合計
4	妻 4,000円		積立 30,000円	歯医者 5,000円				39,000円
5	夫 2,000円 子 1,000円			母の日 7,000円	GW 25,000円		車税 40,000円	75,000円
6	子 1,000円	夏物（夫） 20,000円		父の日 7,000円	積立 30,000円	積立 30,000円		88,000円
7	妻 4,000円	夏物（妻） 20,000円		誕生日 5,000円				29,000円
8	夫 2,000円 子 1,000円			実家帰省 8,000円	夏休み 50,000円			61,000円
9								0円
10	妻 4,000円 子 1,000円	冬物（夫） 20,000円		予防接種 10,000円				35,000円
11	夫 2,000円	冬物（妻） 20,000円		年賀状 5,000円			車保険 35,000円	62,000円
12				クリスマス 7,000円	冬休み 50,000円		車検 100,000円	157,000円
1	妻 4,000円 子 1,000円			実家帰省 8,000円			受信料 25,000円	38,000円
2	夫 2,000円 子 1,000円			誕生日 5,000円				8,000円
3				クリーニング 3,000円	春休み 25,000円			28,000円
合計	30,000円	80,000円	30,000円	70,000円	180,000円	30,000円	200,000円	620,000円

自由に使える特別費＋慢性的な赤字対策

年払いの固定費

LESSON 25

月の収支と貯金の関係性

固定費、生活費、特別費、貯金の枠が決まるとだいたいの1年間の収支が見通せます。**毎月この予算以下でやりくりできれば、収入に大きな誤差がない限り、成功率100%で貯金ができます！**そんなにうまくいくはずがない…と思うかもしれませんが、収入が予定通りに入り、生活費、特別費が大きく予定外にならない限り、かなり現実的に達成可能です。

あまりに予算がキツイなら、生活費や特別費の予算がそもそも間違っていることになります。もう一度現実的な予算を組みなおすとうまくいきます。

少しゆとりがありすぎる、もう少し貯金したいと思ったら貯金が多くなるように配分を変えます。

左の図では、4、5月は前年を割り込んでマイナスになりますが、その後はプラスになり、赤字黒字を繰り返しながら、最終的には年間50万円貯められるというプランです。

月に使えるお金は、固定費＋生活費＋特別費です。例の場合の4月に使えるお金は、31万9千円。4月は31万9千円以下の支出で収まっていれば**細かいやりくりの内訳はなんでもOK！**月に使えるお金の上限が分かればもういつの間にかお金がない！なんてことはなくなります。

1年間の収支予定表

	固定費	生活費	特別費	月の収入	支出計	収支	貯金累計	
4月	190,000	90,000	39,000	310,000円	319,000円	-9,000円	-9,000円	残業代あり
5月	190,000	90,000	75,000	310,000円	355,000円	-45,000円	-54,000円	ボーナス・手当あり
6月	190,000	90,000	88,000	610,000円	368,000円	+242,000円	188,000円	残業代あり
7月	190,000	90,000	29,000	280,000円	309,000円	-29,000円	159,000円	
8月	190,000	90,000	61,000	310,000円	341,000円	-31,000円	128,000円	残業代あり
9月	190,000	90,000	0	310,000円	280,000円	+30,000円	158,000円	残業代あり
10月	190,000	90,000	35,000	360,000円	315,000円	+45,000円	203,000円	手当あり
11月	190,000	90,000	62,000	310,000円	342,000円	-32,000円	171,000円	残業代あり
12月	190,000	90,000	157,000	630,000円	437,000円	+193,000円	364,000円	年末調整・ボーナスあり
1月	190,000	90,000	38,000	310,000円	318,000円	-8,000円	356,000円	残業代あり
2月	190,000	90,000	8,000	360,000円	288,000円	+72,000円	428,000円	手当あり
3月	190,000	90,000	28,000	380,000円	308,000円	+72,000円	500,000円	手当あり

LESSON 26

特別費のお金の流れを作る

P 83の1ヵ月の予算に従ってやりくりすれば、1年後には必ず年間で50万円の貯金ができます。そうは言っても、いくら使えるというお金の枠の数字だけ追いかけようとしても、お金の流れが同時にできていないと、家計が迷走し始める可能性があります。

特に、特別費は、動くお金の金額が大きいこともあり、油断していつもの口座にお金をいれっぱなしにしておくと、つい気が緩んで引きだしてしまい、いつの間にかなくなっている…というようなことにもなりがち。いくらが貯金でいくらが特別費なのか、毎月の生活費との区別は?をはっきりさせておかないと、いつもの生活費や急な出費に、ズルズル貯金を使い込む…ということにもなりかねないのです。そのようなことがないように、**特別費と貯金は一時保管口座（特別費）、貯金口座（貯金）に分けて管理すると便利です。**

特別費を使う時は、使う時に口座からおろし、他の支出とは混ぜないようにする。こうすることで、旅行のために多めにとっておいたはずのお金を、いつの間にか他の支出に使い込む…ことも防止できます。**貯金口座に入金されているお金は、1円たりともおろさないが基本。**ある程度の急な出費は特別費の口座からにしましょう。

特別費＆貯金の基本

準備する時

特別費と貯金の口座に分けてお金を準備する

残業、ボーナス、手当、月の黒字額

使っていいお金 → 一時保管口座

【特別費】
特別費予算表に従ってお金をおろして使う

使ってはいけないお金 → 貯金口座

【貯金】
大きな支出の時以外は1円たりともおろさない
（定期預金などへの預け替えなど活用はOK）

使う時

特別費は使う時におろす

ある月の特別費例

車保険（口座引き落とし）	35,000円
車検（現金）	100,000円
合計	135,000円

一時保管口座

特別費
135,000円をおろす

35,000円入金 → 引き落とし口座

【自動車保険】
カード払い35,000円

100,000円持ち帰る → 現金

【車検】
100,000円

使っていいお金と使ってはいけないお金を明確に分けておく

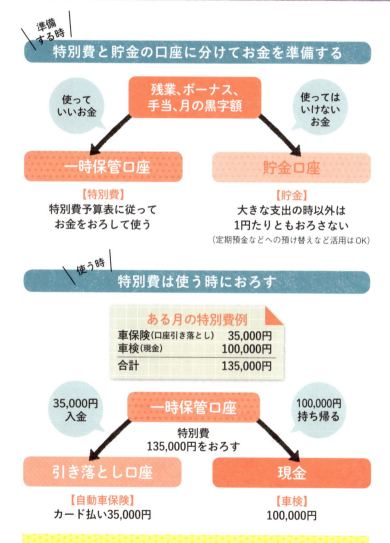

LESSON 27

特別費と貯金の入出金を整える

特別費と貯金にお金を振り分けると、**使ってもいいお金と使ってはいけないお金が明確になり、ずるずる出費を防止することができます。**でも、年に何回も特別費と貯金のお金の振り分けを繰り返すのは、とても面倒くさいですよね。

そこで行いたいのは、特別費と貯金の入出金をシンプルに整えることです！

特別費は、特別費予算表の内容を6ヵ月区切りにして、次の6ヵ月で必要な特別費を事前に用意するというサイクルにすると管理が簡単です。

例えば、今年度の4月〜9月に必要な特別費が6ヵ月で29万2千円だったら、前年度の3月までに29万2千円をどう準備するかを考えます。

ボーナスを使うのか、手当を使うのか、残業代や月の黒字だけで足りるのかなど、具体的に考えます。特別費に必要なお金をどのタイミングで準備するかを決めたら、残りはすべて貯金口座に入金するように計画します。入金の回数は、年に2、3回程度、**回数が少ないほど手間がかからず、時短になります。**

毎月のようにかかる特別費のために、毎月お金を計算したり、入金したりする必要がなくなり、フクザツすぎて途中で訳が分からなくなる…ということを防止できますよ。

特別費と貯金のタイミングを決める

特別費を6ヵ月で分ける

必要な特別費例

4月	39,000円
5月	75,000円
6月	88,000円
7月	29,000円
8月	61,000円
9月	0円
6ヵ月合計	292,000円

事前のやりくり計画を立てる

12月にボーナスがでる

2月、3月は手当も入る

12月
ボーナス 300,000円
年末調整 50,000円

2月
児童手当
80,000円

3月
助成金
100,000円

4月〜9月
6ヶ月分
292,000円入金
→ **一時保管口座**
4月〜9月の特別費以外では
使ってはいけないお金

ボーナス残り
58,000円入金
2月 入金
3月 入金
→ **貯金口座**
238,000円
貯金

- 6ヵ月分が難しければ、3ヵ月分でもOK！
- 事前に準備しておくと安心して使える
- 特別費の一時保管口座への入金の回数は少ない方が管理がラク

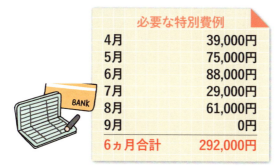

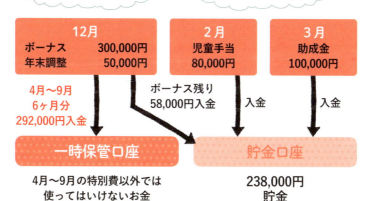

LESSON 28

特別費の使い方を考える

特別費の基本の使い方は、毎月必要な特別費を一時保管口座（特別費の口座）からおろし、引き落とし口座（カード払いや口座引き落としの特別費）に入金、または現金（現金払いの特別費）でおうちに持ち帰るという方法です。

でも…、毎月特別費を入金したり、持ち帰って仕分けたりするのは、ちょっと面倒です。そこで、慣れてきたら挑戦したいのが応用テクニック！

毎月1回特別費の対応をするのではなく、数ヵ月分をまとめて対応するとラク&時短になります。まとめて対応するのは、現金で支払う特別費のみ。

一時保管口座から、その数ヵ月で必要な現金の特別費を一度におろし、例えば、車検、夏休み旅行代、洋服代のように用途別に分けて封筒などにお金をいれ、使う時までおうちで保管しておきます。あまりに長い期間分のお金を保管すると、多額の現金がおうちに置きっぱなしになるので、3ヵ月分くらいからにしましょう。

ただし、引き落とし口座（カード払いや口座引き落としの特別費）分は、数ヵ月分をまとめず、毎月引き落とされる直前に入金した方が無難。引き落としになる特別費をまとめて入金すると、うっかり使い込んでしまうことがあるからです。

特別費の使い方

基本テクニック

一時保管口座

1ヵ月に必要な口座引き落としの特別費

1ヵ月に必要な現金の特別費

引き落とし口座

引き落とされる直前に入金する

現金

使う時まで封筒などに保管
生活費とまぜない

ラク時短！

応用テクニック

一時保管口座

1ヵ月に必要な口座引き落としの特別費

数ヵ月に必要な現金の特別費

引き落とし口座

引き落とされる直前に入金する

現金

数ヵ月分を封筒で管理
(詳しくはSTEP4)

●慣れてきたら応用テクニックに挑戦するとラク＆時短に！

LESSON 29

難しかったら原点に戻って考える

家計管理の中で、特に管理が難しいのが特別費です。毎月いくらで生活すればいいかまでは分かるけど、旅行、家電、税金など、大きな出費があるために、お金の流れが途中で訳が分からなくなり、ずるずると貯金の機会を逃してしまう…という人が比較的多いようです。

ここまで、特別費の管理法を紹介しましたがハッキリ言って難しい！と感じたかもしれません。それくらいほとんどの方が管理しきれないのが特別費です。

反対に言えば、特別費が上手に管理できるだけで家計管理は抜群に成功率があがります。

なおかつ、これまで紹介した方法だと、数ヵ月に一度程度の手間で済むので、これまで、特別費はなんとか管理できていたものの、毎月複雑な表を更新したり、電卓を叩いて頭を悩ませていた…ということもなくなります。

難しいと思ったら、原点に戻って考えてみてくださいね。特別費に使える枠は年間でいくらなのか？という点です。固定費、生活費は÷12で1ヵ月分を算出できますが、特別費は、年間でいくらという年の家計です。**年でいくらの枠さえはみ出さなければ、管理の仕方も使い道も何でも大丈夫！やりやすい方法でOKです。**

特別費の枠はいくら？

特別費は、家計の中でも一番難しい支出です
難しいな…と思ったら、枠だけ思い出してみてください

固定費、生活費、特別費の構造

4月	5月	6月	7月	8月	9月	10月	11月	12月	1月	2月	3月	
固定費	固定費	固定費	固定費	固定費	固定費	固定費	固定費	固定費	固定費	固定費	固定費	月190,000円×12ヵ月
生活費	生活費	生活費	生活費	生活費	生活費	生活費	生活費	生活費	生活費	生活費	生活費	月90,000円×12ヵ月
特別費												年620,000円（年払いの固定費含む）

●特別費に使える年間のお金の枠（計算はP81）をはみ出さなければ、使い道も使い方もなんでもOK!

LESSON 30

家計はルーティンです

私が考える家計とは、固定費、生活費、特別費、貯金の4層構造です。そのうち、固定費、生活費は、毎月いくらという定額でやりくりできる月の家計。特別費は、毎月いくらというよりは、年でいくらでやりくりする年の家計です。

家計を簡単に確実に回す方法は、まず固定費、生活費という月の家計に、毎月いくらの枠を決め、その枠内で家計をやりくりすること。次に、特別費に年にいくらの枠を決め、その枠内でやりくりすること。貯金も、年でいくらと考えているので赤字で自動積立ができない…、途中で崩す…ということもなくなります。

月の家計は、毎月定額なので、毎月同じ金額をおろすことを繰り返すだけのルーティンに。月によって生活費を変動させないことで、毎月やりくり費を計算する手間が省けます。

特別費は、年に数回使える枠のお金を確保するだけ。あとは毎月または数ヵ月、あらかじめ決めた通りに使うルーティンに。大きな支出もあらかじめ準備してあるので、こんな高額な支出が払えるだろうかと心配する必要もなくなります。**家計がルーティンになると、家計がシンプル&簡単になり、必要以上に頑張らなくても貯金ができる仕組みになります。**

月の家計と年の家計をルーティンに

月の家計をルーティンにする手順

①固定費、生活費に毎月いくらの枠をつくる

②毎月同じ固定費、生活費以下でやりくりする

③❷を毎月繰り返すだけのルーティンにする

年の家計をルーティンにする手順

①特別費に年にいくらの枠をつくる

②使えるお金の枠を年に数回準備する

③特別費予算表(P81)通りに毎月、または
数ヵ月に一度お金をおろし、使う

④❸を年間で繰り返すだけのルーティンにする

- 月の家計と年の家計をルーティンにする
- お金の管理に時間と手間がかからない！
- 家計管理がラクになる！

column

毎月慢性的な赤字がある時は？

月の生活費が毎月の給料だけではまかなえない場合は、特別費で赤字をおぎなう必要があります。

P81の特別費予算表に、赤字予定額を記入します。**赤字を補うために使う特別費は、残業代、ボーナス、手当など、月の収入ではない収入から出します。** 残業代、ボーナス、手当がないのに、固定費や生活費をしっかり見直しても毎月赤字の場合は、そもそも収入以上の支出があるので、家計のやりくり以前の問題になります。

毎月の赤字の補てんは、特別費を一時的に保管しておく一時保管口座から引きだします。毎月の給料に赤字用のお金を足した金額を月の家計（固定費＋生活費）に使います。数ヵ月分を一度に引きだし、封筒などに、4月赤字分、5月赤字分などとして保管してもOKです。赤字額が毎月違う…という不安定な家計は、固定費、生活費、赤字額を含めて毎月同じ金額でやりくりできるようになると家計がぐんと安定します。いつになっても、月の家計がいくら必要か分からない…という家計ほど貯められない傾向があります。

爪に火をともすほど無理をして毎月黒字にするより、毎月一定額をボーナスから補てんする方が無理なくラクに家計が回せることがあります。もちろん補てんのしすぎで散財するようではいけません。

毎月慢性的な赤字がある家計の対応策

赤字補てん額の準備の仕方

残業代　ボーナス　手当

↓

一時保管口座　貯金口座

特別費
（年の家計用）
＋
特別費
（月の家計の赤字補てん）

毎月赤字の場合は、残業代、ボーナス、手当から
一時保管口座に赤字用のお金を取り分ける

赤字補てん額の使い方

残業代、ボーナス、手当から赤字用のお金を入金 → 一時保管口座

夫 給料口座 → 毎月同じ金額 → 月の家計

妻 給料口座 → 毎月同じ金額 → 月の家計

一時保管口座 → 毎月同じ金額（赤字分） → 月の家計

月の家計
（固定費、生活費）

↓

引き落とし口座　現金

毎月赤字の場合は一時保管口座から
毎月定額を月の家計に補てん

固定費＋生活費＋赤字額が毎月定額で
やりくりできると家計が安定

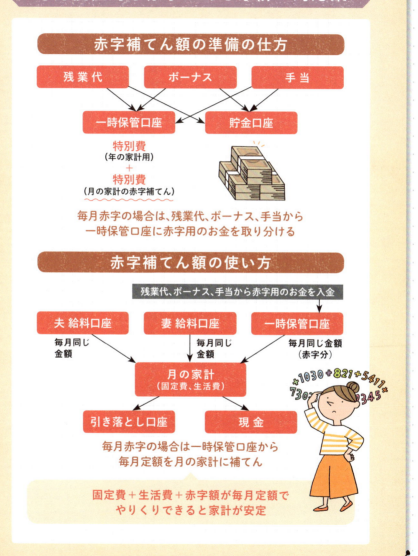

column

残業代・ボーナス・手当がない家計の場合は？

残業代、ボーナス、手当がない家計は、月の給料だけで、家計を回していく必要があります。

大きな出費と貯金に月の給料で備えることになります。まずは、月の給料から、固定費と生活費を払ったら、いくら残るのか？を調べます。

残ったお金×12ヵ月が、貯金と特別費に回せるお金です。

ここで残るお金がほとんどない…という場合は、そもそも収入以上の支出があったり、どう頑張ってもとんとんになりやすい可能性があります。

残ったお金を、貯金と特別費に分けて保管すると、大きな出費があったから…と貯金を使い込んでしまうことを防止できます。

残ったお金を毎月決まった金額にわけて、貯金と特別費の口座に入金。これだけで、大きな出費にも貯金にも対応できるなら簡単ですよね。月収が高く、残っているお金が多い場合は、これでもうまくいきます。でも、**そんな単純な仕組みではうまくいかないことがあります。**例えば、月に3万円ずつ大きな出費を準備しても、3ヵ月後に10万円が必要なら足りません。

そのような場合は、大きな出費が続く前半は多めに特別費の口座に入金。貯金は少なめに。大きな出費のない後半は貯金を多めに。**貯金と特別費の配分を変えると、貯金を残しやすくなります。**

残業代・ボーナス・手当がない家計の対応策

月の家計・年の家計

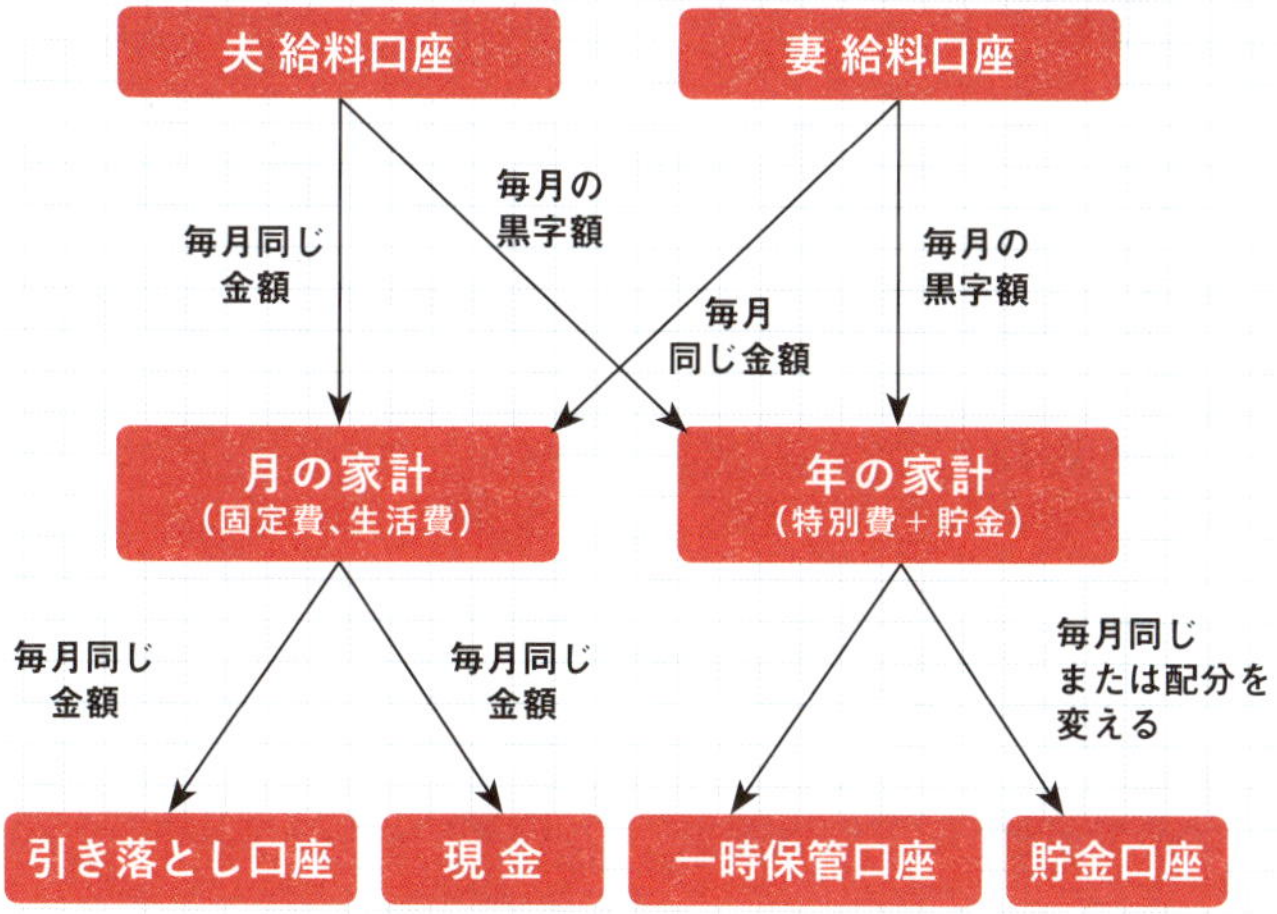

年の家計(特別費＋貯金)を
一時保管口座と貯金口座に振りわける

- 月の給料が高め…毎月同じ金額
- 月の給料が低め…月によって配分を変える

残業代・ボーナス・手当がない家計は、
毎月の黒字額を特別費＋貯金に振り分けて
準備する

STEP
4

月の家計と年の家計を予算内に収める工夫

家計を成功させる運用法

月にいくら使えるか？年にいくら使えるか？貯金がどれだけできるか？
を知るだけで、家計簿をつけなくても、お金を貯めることができます。
しかし、初めのうちは、そうはいってもうまくできない…
ということも出てきます。

なぜなら、**限られたお金の中で生活するというクセがついていないから。**
そのクセをつけるために、週で使えるお金の枠と流れ、
日で使えるお金の枠と流れを作ってみましょう！

ここから先は、やりたい人だけでOK！
ここでは、一例として「あきの袋分け」で、
家計簿なしでも、家計を回していく方法を紹介します。

LESSON 31

月の家計をうまく回すには？

月の家計と年の家計と、貯金の枠と流れができてしまえば、お金が自動的に貯まっていくようになります。

しかし、実際には、障害物が突如発生して、急に流れが変わってしまうことがあります。障害物になりそうなことをあらかじめ排除し、なるべくスムーズに水が流れるようにするための仕組みも取り入れると、より確実にお金を残すことができます。その方法は、家計簿、アプリ、エクセル、袋分け…何でも大丈夫です。**仕組みが整っていれば、手段は何でもいいのです。逆に、仕組みが整っていないと、何を使ってもダメなのです。**

前著『あきのズボラ家計簿』（ＫＫベストセラーズ）では、初心者の方でも、ラクにお金の枠と流れを管理する家計簿のつけ方を提案しました。今回は、袋分けを使ってお金を管理する方法を紹介します。家計簿をつけるのが苦手という人でも、家計簿をつけずにある程度の枠と流れが把握できます。一般的な袋分けでは、たくさんの封筒を使いますが、**あきの袋分けでは、メインの封筒は「固定費」と「生活費」の2つだけ。**その他、特別費と封筒積立の封筒がありますが、メインでは使わず、必要な時だけに使う封筒です。封筒ではなく、ファイルを使ってもＯＫです。

月の家計を回す方法

家計簿が苦手なら、家計簿なしで袋分けがオススメ！

あきの袋分けの特徴

メインで使う封筒は２つだけ

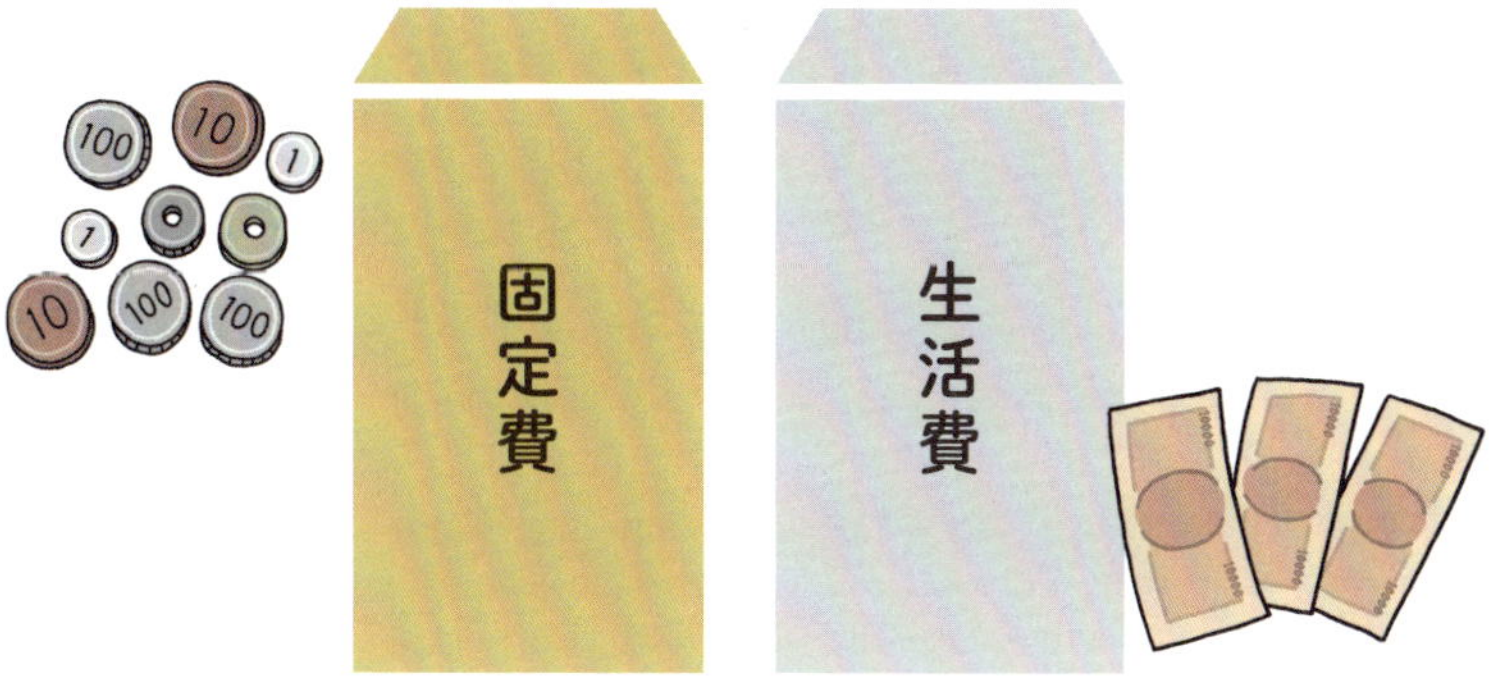

サブ封筒として「特別費」(P103)と「封筒積立」(P113)

- 封筒が、２つだけと一般的な袋分けより少ない
- 封筒からお金を出し入れする回数が少ない
- あといくら使えるかの残金チェックがラク
- 手間が少ないので、管理がラクで時間がかからない

※『あきのズボラ家計簿』をご利用の方は、「生活費」という封筒１つをメインで使うだけでOK

LESSON 32

今月いくら使える?を確認する

今月使えるお金の上限は、固定費＋生活費＋特別費です。固定費＋生活費が月28万円で、今月の特別費の予定額が7万5千円なら、今月使っていいお金の上限は35万5千円です。1ヵ月の支出を35万5千円以下にできれば、貯金目標の実現に近づきます。貯金目標額をさらに上回ることもできます。反対に35万5千円以下にできなければ、貯金目標より実際の貯金は減ることになります。そこで、支出が35万5千円以下になるように、袋分けでお金を管理します。

今月使えるお金のうち、引き落とし分は口座入金。残ったお金がやりくりに使えるお金です。**現金で持ち帰ったお金は、用途別に封筒に分けます。**

小遣い、習い事、教材費など現金で払う固定費は**固定費の封筒**へ。食費、日用品、娯楽費で払うお金は**生活費の封筒**へ。サブ封筒として特別費の封筒をいくつか用意します。サブ封筒は、今月だけしか使わないことが多いので、使ったら捨ててしまってもかまいません。固定費の封筒に入っている現金のうち、小遣いなど渡せるものは渡してしまってOKです。

封筒間のお金の貸し借りは基本NG。教材費がいつもより高くて…と生活費を使い込み、食費が足りなくなることなどを防ぐことができます。

今月使えるお金はいくら？

❶今月使えるお金を確認する

□口座引き落としの固定費（P17）	140,000円	…引き落とし口座入金
□現金払いの固定費（P17）	50,000円	計215,000円を現金で持ち帰る＝封筒で管理するお金
□生活費（P51）	90,000円	
□今月の特別費（P81）	（5月）75,000円	
合計	355,000円	

❷お金を封筒に分ける

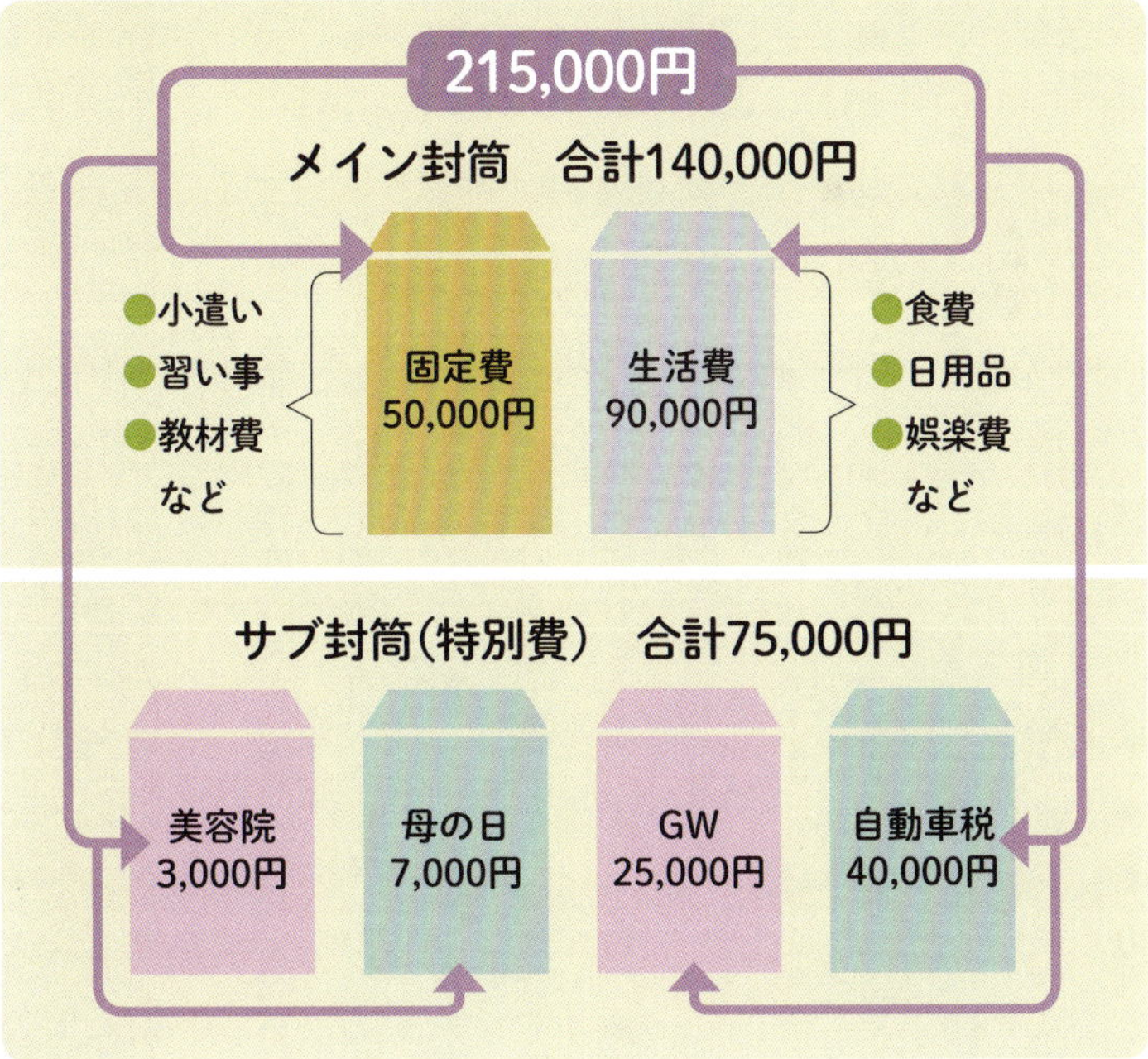

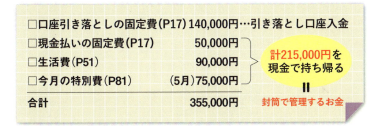

LESSON 33

生活費の週予算を決める

生活費の封筒には、今月使える生活費が入っています。**生活費は、毎月同じなので、生活費の封筒に入っている金額＝毎月使える生活費の上限です。**毎月この金額以内に生活費をおさめる努力が必要になります。そこで、オススメしたいのが、**生活費に週予算を決める**方法です。生活費が月9万円なら、4〜5週で割ればいいのねと早合点するのは待ってくださいね。生活費は、単純に4〜5週で割った金額で毎週やりくりしようとしてもだいたい失敗します。

週予算を決める前に必要なのは、1日の平均を決めることです。1日の平均を決めるには、まず米や酒など月1回程度の大きな買い物の金額を計算します。次に、生活費から大きな買い物の金額を引きます。それを31日で割った金額が1日の平均。1日の予算×7日が週予算です。生活費を単純に4〜5週で分けてしまうと、大きな買い物がある週の生活が極端に苦しくなります。

また、「4週なら生活できても、5週あると厳しくて…」と小さなことでつまずくのも防止できます。31日で分けていれば、4週か5週かは関係ありません。週の途中でも、締め日（月末や次の給料日）が来たら終了。週の途中から次の月を始めれば、OKです！

週予算の決め方

❶米や酒など月１回程度の大きな買い物の金額を計算（5,000円）

↓

❷生活費（90,000円）－大きな買い物（5,000円）＝85,000円

↓

❸85,000円÷31日＝約2,741円（１日の平均）

↓

❹１日の平均（2,741円）×７日＝週予算（19,187円）

↓

❺週予算の端数を適当に切り捨て、週予算を最終決定する。（19,000円）

↓

❻１週目と５週目に使える金額は、日数計算で対応する

※１週目や５週目が３日しかない場合…2,741円×３日＝8,223円（8,000円）

週の予算を決める時は、
まず１日の平均を出すのがコツ！

生活費（90,000円）のうち、１週間で使う金額は
週予算（19,000円）を目安にすると予算を守れる成功率UP！
31日で分けているので、締め日（月末や次の給料日）が来たら
週の途中でも終了

LESSON 34

家計簿なしで生活費を回す方法

週

予算が決まったら、実際に運用を始めます。

用意するのは、お財布です。

まず、毎週日曜日の夜など、決まった曜日をリセット日にします。

毎週のリセット日に、計算した週予算をお財布にいれます。

米や酒など大きな買い物がある週は、その分多くお金をお財布にいれます。

お財布にいれた週予算だけで1週間をやりくりします。

1週間が終わったら、余ったお金は生活費の封筒に戻します。小銭は入れっぱなしでもOKです。

これを1ヵ月に4、5回繰り返します。

週1回、週予算をお財布にいれるだけ。お財布の中を見れば、週予算の残金が分かります。次の週になるまでこの金額でやりくりできれば何に使ってもOK！毎日出かけるたびに封筒を持ち歩く必要もありません。

注意してほしいのは、週予算でやりくりするのは、食費、日用品、娯楽費など日常的な支出のみということ。教材費や習い事など固定費の支払いは、固定費の封筒から。自動車税などは、特別費のサブ封筒から。固定費や特別費の支払いに生活費を使わないように注意してくださいね。

生活費の運用方法

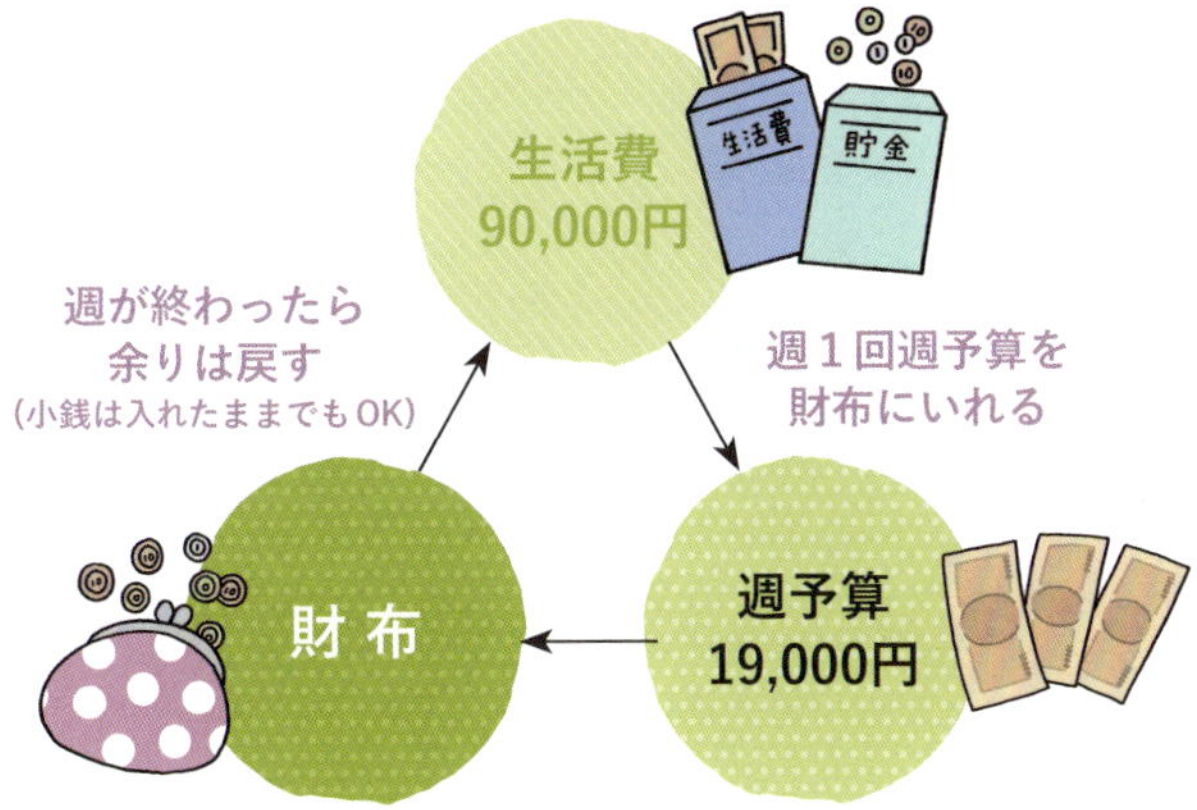

- お好みにより、週予算の余りは貯金にしたり、封筒を1週目、2週目と分けて用意してもOK
- 米や酒など大きな買い物がある週は、その分多くお金をお財布にいれます
- カード払いをした時は、現金を抜いて、カード払い封筒を別に作って保管すると使いすぎ防止に
- 教材費や習い事など固定費の支払いは、固定費の封筒から自動車税などは、特別費のサブ封筒から
- 固定費や特別費の支払いに生活費を使わないように注意します

LESSON 35

成功率を上げる 平日予算と休日予算

食費、日用品、娯楽費など日常的な支出を、決められた週予算で1週間回せれば、細かな内訳は気にしなくてOKです（『あきのズボラ家計簿』を利用の方は、食費、日用品、娯楽費に分けて記入することで、自動的にムダが少なく管理できます）。

さらに、使い道自由な週予算のやりくりは、平日予算と休日予算に分けて考えると、予算内で生活できる確率が上がります。例えば、土日休みのお仕事なら、平日は、食費と日用品くらいしかお金は使わないんだけど、週末はショッピングモールでランチをして、そのあと服を見たりするのが定番で…というように、お休みの日の過ごし方が、平日とは違うことがあります。

学校や幼稚園も土日はお休みの場合が多く、昼食の準備もありますよね。そのような休日と平日のお金の使い方を予測して平日に使えるお金を決めておきます。例えば、土日で外食などに使える休日予算は6千円にしよう！など、まず休日に必要なお金を確保します。週予算から休日予算を引いたお金を7日で割る。これが1日の食費と日用品に使えるお金と考えます。

ただし、**1日で使えるお金が千円を切ってしまうようなら、厳しすぎる予算**なのかもしれません。

平日予算と休日予算

❶休日に使うお金の枠を6,000円などだいたい決める

↓

❷週予算（19,000円）−休日予算（6,000円）＝13,000円

↓

❸13,000円÷7＝1,857円（約1,800円 ※１日の食費、日用品に使えるお金）

週末少し贅沢な夕食にしたい…など
お好みで１日の予算は変えてOK

数日分をまとめ買いする時は…

１日の食費、日用品に使えるお金×まとめ買いの日数 を予算にする

例　1,800円×３日分＝5,400円

↑今日の買い物は5,400円以内にしよう…などと計画する

週末に使いすぎた時は…

週末に10,000円使ってしまった！場合は、
翌週の週末予算をちょっと減らそう…など 週末の計画を変更して対応
食費、日用品の予算を減らさないことで、
生活が苦しくならない

週予算の多少のオーバーは、
１ヵ月の生活費全体でカバーできればOK

LESSON 36

特別費は、別財布で管理する

特別費は、サブ封筒で用途に分けて管理します。

特別費を使う時は、封筒ごと持ち歩き、封筒からお金を支払い、おつりも封筒に戻します。小銭は貯金箱にいれてもOK（わが家では、小銭は箱に入れ、写真代の支払いなど小銭が必要な時にお札に両替。お札になったら他の封筒に戻しています）。封筒を持ち歩くのは抵抗がある…という時は、別財布を用意し、使う時に封筒からお金を移してもOK！

特別費のお金は、固定費や生活費のお金と混ぜない。

こうすることで、旅行のために準備したお金を、うっかり食費に使い込んでしまった…ということがなくなります。封筒に入れたお金は、余らせることより、思い切って楽しんで使ってくださいね！**貯金はすでに確保してあるので、ケチる必要はないのです。**ワンポイントとして、夏休みなどの長期休みの時は、子どもがいることで増える外食やちょっとしたレジャーなども見越して少し多めに特別費を準備しておくと、生活費が苦しい…という事態を防ぐことができます。特別費だけでなく、小遣い、仕事（事業）用のお金も生活費とは別財布にするのがオススメです！

別財布で管理する支出

特別費は用途別に封筒に分けて管理

美容院
3,000円

母の日
7,000円

GW
25,000円

自動車税
40,000円

特別費を使う時

GW
25,000円

- 映画 8,000円
- 外食 3,000円
- 遊園地 14,000円

ひとつの
イベントごとに
別財布にいれて
おでかけ

長期休みは外食費も含めて長期休み予算として確保
すると、今月は長期休みで外食や遊びが増えて
生活費が苦しい…とならない

その他別財布がオススメなもの

小遣い

仕事
(事業用)の
お金

小遣いや仕事のお金を食費などに
使い込むのを防止する

LESSON 37

封筒積立という考え方もある

生活費が毎月余るようなら、封筒積立を始めるのもオススメです。

封筒積立とは、あらかじめ予定されている支出のお金を毎月のように少しずつ貯めてから使うというものです。よくあるのは、車検、固定資産税などの税金や、車や住宅などの修繕費を毎月少しずつ貯めるという方法。

あらかじめ予定されている支出の備えをするという意味では優れていますが、欠点もあります。

それは、毎月積み立てようとすると、月収が高くないと、ものすごく苦しい生活になりやすいこと、封筒積立の数が多すぎると、長い年月がたたないと貯める効果が出にくいこと、長期的に貯めるための積立ばかりだと、使う機会がなくストレスがたまりやすいこと。

封筒積立は、数を絞って、ひとつひとつの封筒にできるだけ多くのお金を入れ、短期的に使うお金も準備することで初めて効果が出てきます。なんでもかんでも少しずつ積み立てればいいというものではありません。

オススメは、臨時費・医療費・旅行・欲しいものの積立（臨時費&医療費はひとつにまとめてもOK）。車検や税金などは特別費として別に用意するだけで充分対応できます。

封筒積立の失敗例と成功例

失敗例 毎月の積立額30,000円

固定資産税 10,000円	車検 10,000円	修繕費 2,000円	医療費 2,000円
町内会費 2,000円	冠婚葬祭 2,000円	旅行積立 1,000円	レジャー積立 1,000円

●家族のお楽しみに使える積立額が少ない！ ●貯めるばかりで使えない…
●長期的に貯め続けないと使えない積立ばかりでストレスがたまる

成功例 毎月の積立額15,000円

臨時費積立 3,000円	医療費積立 2,000円	旅行積立 5,000円	欲しい物積立 5,000円

□臨時費＆医療費積立…修繕、冠婚葬祭、高額医療費など急な出費に対応
(基本使わない長期積立)
□旅行積立…いつか行く贅沢旅行費用。5年以内を目安に貯める(中期積立)
□欲しいもの積立…貯まったらすぐに使う。家電やインテリアなど(短期積立)

●毎月の積み立ては、封筒は少なく、全体の金額も少なめ、ひとつの封筒にいれる額は多めにすると、月の負担は少なく効果を実感しやすいもの
●毎月積み立てるのは月の黒字がある人向け。毎月が苦しい時は、年間で計画すると◎、月500円からでもOK！
●固定資産税や車検は、別に計画(P81特別費予算表)します

LESSON 38

予算が余った時はどうする？

生活費、固定費、特別費用の封筒にいれたお金が余った時は、次の4つのいずれかで対応するとさらに有効にお金を使うことができます。

1. 貯金
2. 赤字用に積み立て
3. 他のやりくり封筒に移す
4. 使い切る

この中のひとつの方法を選ぶのではなく、複数の方法を併用するのが効果的です。

中でも、**2の赤字用に積み立てと、3の他のやりくり封筒に移す、のがオススメです。**特に固定費の封筒にいれるお金は、毎月少し多めにいれて、そのまま次月に繰り越していき、いつも数千円から数万円程度の残金がある状態にしておくと、学校の教材費が思ったより高かった！習い事で急に衣装が必要になった！というような急な出費に慌てることがありません。

生活費の封筒で余ったお金の半分は赤字封筒に入れ、残りの半分はP113の旅行積立や欲しいもの積立に入れるなど配分を工夫すると、ご褒美積立が早く貯まります。月数千円でも、赤字用封筒にお金を入れておくと、急に夫のビジネスシューズが壊れた！などの予定外の出費による赤字を助けてくれます。

予算が余った時の運用法

予算が余った時のオススメの対応法

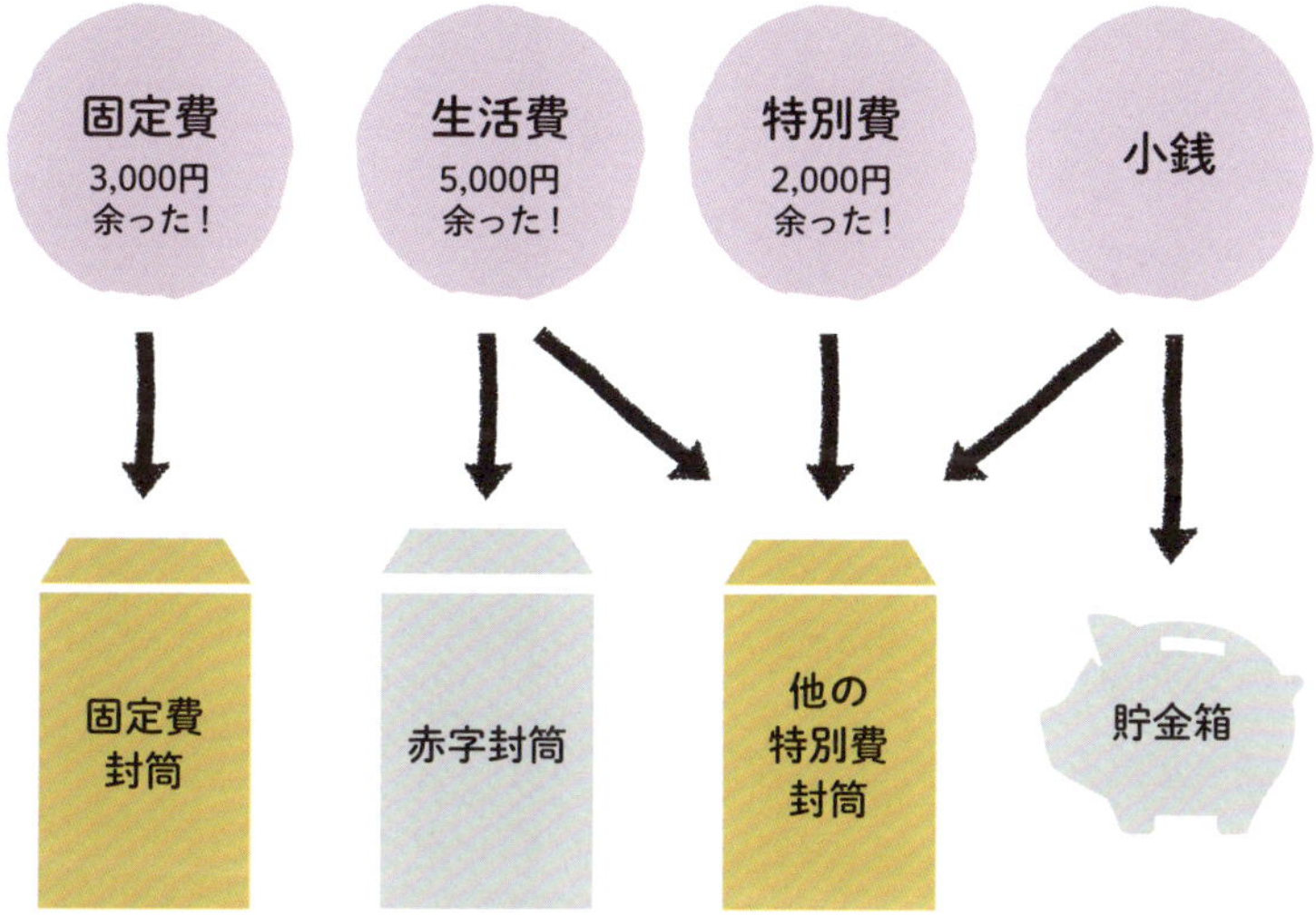

- 固定費封筒：そのまま固定費の封筒に残し、次月に繰り越し
- 赤字封筒：赤字の時の予備費として積み立て、急な出費に備える
- 他の特別費封筒：旅行や欲しいもの積立に回す
- 貯金箱：千円札に両替して、他の特別費封筒に入れてもOK

●赤字封筒があると、急な出費に慌てません
●旅行や欲しいものに余ったお金を移すと、ご褒美積立が早く貯まります

LESSON 39

急な出費や赤字はどうする？

生活費の赤字は、週末遊びすぎたら翌週を控えめにするなど、ちょっとした工夫をすることで、ほとんど防止することができます。慢性的な赤字にもP95で対応しています。

でも…、急な出費や赤字は、予測したくても予測しきれないことがありますよね。通常だと、やむをえず貯金から出すより仕方がない…となりがちですが、貯金を崩す前のワンクッションとして、封筒積立（P113）を紹介しました。

高額な医療費や冠婚葬祭などの急な出費は起こる前から、家電やインテリアは壊れる前から、ちょっと贅沢な旅行の費用も行く前から積み立てる。

固定費の余りは次月に繰り越し、生活費の余りは、赤字用に積み立てる。

このようにして、あきの袋分けでは、毎月少しずつですが、急な出費や赤字にいくつもの予防線をはってあります。**だいたいの急な出費や赤字は、これで回避・吸収できるのが普通です。**それでも回避できない場合は、よほどの緊急事態が起きているか、そもそも立てている予算が間違っている場合も…。生活費の予算は厳しすぎないか？固定費の予算は少しゆとりを持っているか？特別費の運用がメチャクチャになっていないか？少しだけ立ち止まって振り返ってみてくださいね！

急な出費や赤字が続く時は

急な出費や赤字には、封筒積立が有効

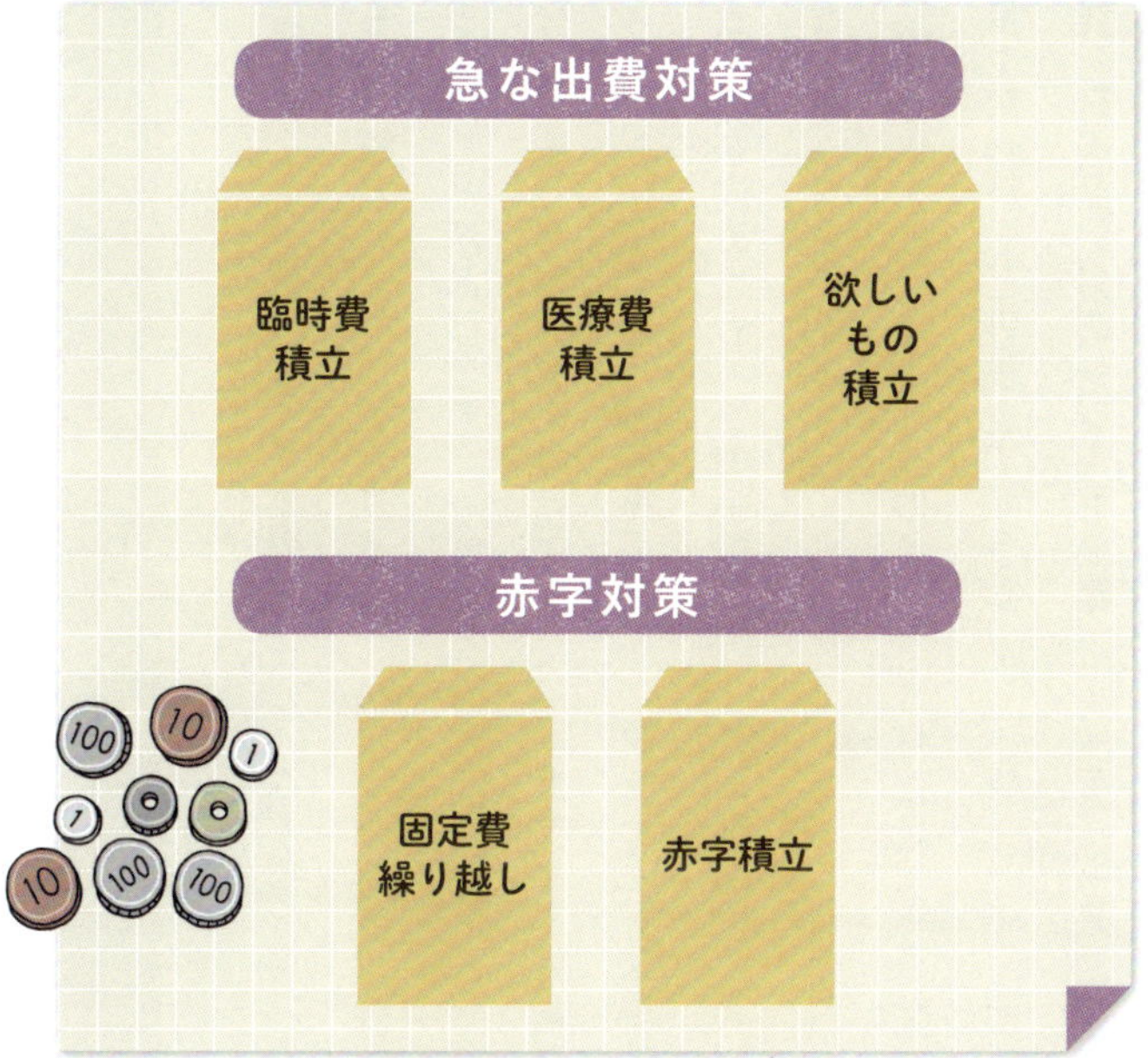

封筒積立をすることで、
急な出費や赤字を回避・吸収する

↓

それでも毎月急な出費や赤字が続く…

□緊急事態が発生していてやむを得ない
□毎月袋に分けている予算が厳しすぎないか確認する
→立てても守れない予算は意味がないので、守れる予算に変更
□急な出費だから仕方ない、を言い訳にしていないか？を振り返る

LESSON 40

ムダを見える化にするコツ

毎月ムダ遣いが多いような気がする…と感じてはいても、実際どれくらいのムダ遣いをしているか分からないことがあります。

袋分けで家計を管理すると、家計簿をつけなくていいというメリットはありますが、固定費、生活費、特別費のお金の枠を決めても、その中にどれだけのムダ遣いがあるか？は不明です。

そのムダ遣いを見える化するのに役立つのがレシートです。習い事や教材費などの現金で払う固定費や、日々の食費、日用品以外のレシートを集めてくださいね。

品物ひとつひとつにムダがあるか？なんてチェックする必要はありません。**現金で払う固定費と、日々の食費、日用品以外のレシートが何枚あるか？合計いくらか？を確認するだけでOK！**

カフェ、外食、雑誌、ちょっとした駐車場代、レジャー、衣類など。その金額が多ければ多いほどムダ遣いが多い家計です。

もっと詳しくムダ遣いを把握したい時は、数ヵ月だけでも家計簿をつけるのがオススメです！

袋分けで、家計簿をつけない場合も、数ヵ月に一度でもP31の方法で、今いくら現金があるか？の総額だけでも時々確認しておくと参考になりますよ！

ムダ遣いをチェックしよう！

方法1

1. レシートを集める

現金で支払う固定費
食費・日用品以外のレシートを集める

↓

2. レシートの合計額と枚数をチェック

枚数が多い合計金額が多い→ムダ遣いが多い家計です
ただし全部ムダと捉えないのがコツ
多少のムダは潤いです
枚数を少し減らすことから始めると◎

方法2

1ヵ月だけでも家計簿をつける

方法3

**予算が守れていれば、
使い道自由という選択もあり**

【参考（詳細P31）】

今年の残高

A銀行	1,000,000円
B銀行	1,000,000円
定期預金	500,000円
合計	2,500,000円

今いくら現金があるかを確認するだけでも参考になります

LESSON 41

家計の理想と現実と工夫

家計管理は、航海に似ています。まあいっか、面倒くさい、何とかなるさで何も持たずに海に出れば、風に吹かれ、波にもまれ、あちこちに漂流し、時には迷走し、どこにたどり着くのか本人にも分からないことも…。

しかし、海図とコンパスをもって、基本の運転はオートマチックに設定しておけば、風と波の少ない海を選んで自動運転。時々予期せぬ嵐が来た時に舵をとるだけで、あとはほとんどほったらかしで目的地に迷わず到着できます。

漂流や迷走も人生の醍醐味として楽しむのもひとつの選択ですが、子どもや家庭といった守りたいものがあれば、より安全に快適に運航したいと思うこともありますよね。

そんな時に、海図やコンパスや自動操縦の役目を果たすのが、今回紹介した家計をルーティンで管理する方法です。

運転を始めると、現実は思ったものとは違うかもしれません。

でも、**本来の通過点がわかれば、迷走した船を、どこを目指して戻せばいいのか、どれだけ外れてしまったのかが分かります。知っているのと知らないのでは差が出ることをあらかじめ理解しておく。**これがあきの家計管理です。

ラクして貯まる家計管理とは？

【モデル例】

今年の残高	
収入（年間）	448万円
固定費（年間）	228万円
生活費（年間）	108万円
特別費（年間）	62万円
貯金（年間）	50万円

※特別費には、年払いの固定費を含みます

これまでに計算した内容を
1年間の家計の理想に！
慣れないうちは、何度も見直しながらでOK！

家計管理とは・・・

家計の理想の指針から大きく外れないように、
時々確認する作業のこと

↓

緊急事態を除き、ほとんどの場合は、
理想の指針がないから迷走・遭難する

↓

仕組み化するまでは少し手間がかかるが、
一度仕組み化してしまうと、
ほとんど家計管理に手間と時間がかからない

ラクして貯めている人には、家計の理想の指針が見えている

あきの家計管理まとめ①

1年の家計を計画することで無理なく達成可能な貯金計画が立てられます。理想に近い金額でやりくりできれば成功率は100%!

STEP1

家計の基本を知る

❶家計の基本は、固定費、生活費、特別費、貯金

❷年間収入－年間固定費＝自由になるお金

❸自由になるお金を、生活費、特別費、貯金に配分する

年間収入（P15）	－	年間固定費（P19）	＝	自由になるお金（P21）
例　448万円	－	（228万円（月払いの固定費）＋20万円（年払いの固定費））	＝	200万円

自由になるお金を
生活費、特別費、貯金にどう配分するか？
を考えるのが家計のやりくり

計算結果（年間）モデル例

□収入	448万円
□固定費（年払いの固定費を除く）	228万円
□生活費	108万円
□特別費（年払いの固定費含む）	62万円
□貯金	50万円

年間でこの金額におさめれば、
年間**50万円貯金**できる！

↑

家計の１年の理想の指針にする
配分は好みに応じて変更してOK！

※年払いの固定費は、最終的に特別費に計上し直すと、実際の運用がラクになります

STEP 2

月の家計を管理する

月の家計を毎月繰り返すだけの
ルーティンに！

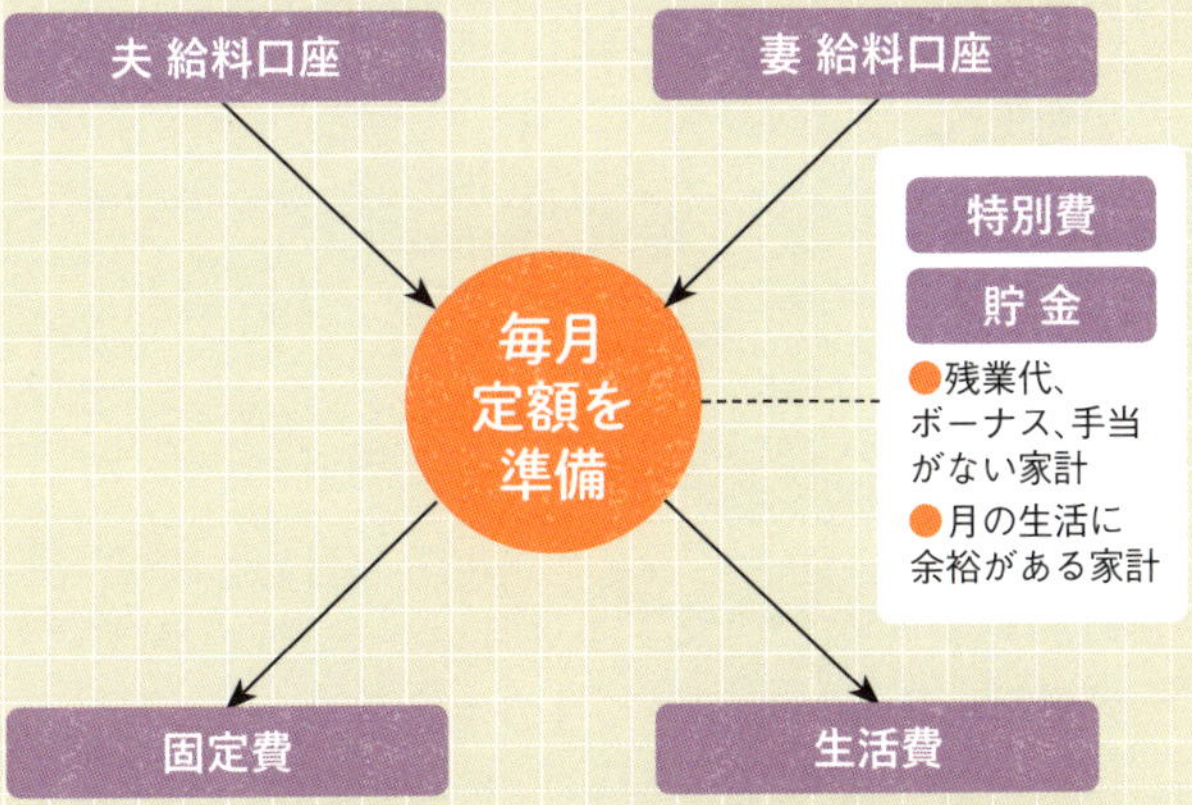

❶夫給料口座から毎月定額をおろす

❷妻給料口座から毎月定額をおろす

❸毎月定額を固定費、生活費に配分
（残業代、ボーナス、手当がない家計、月の生活費に余裕がある家計は、特別費や貯金にも配分）

❹❶～❸を × 12 ヵ月繰り返すだけの
ルーティンにする

⬇

月の家計をルーティンにすると…
毎月のやりくりに悩まない、時間と手間がかからない！

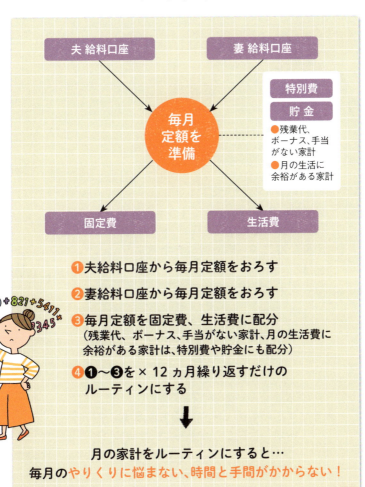

STEP3

年の家計を管理する

年の家計を年に数回だけのルーティンに！

残業代、ボーナス、手当、月の黒字額

↓

特別費（使ってもいいお金） ／ 貯金（使ってはいけないお金）

↓

必要な時に、1〜数ヵ月分を用意

❶特別費予算表を作成する（P81）

❷残業代、ボーナス、手当、月の黒字額を特別費または貯金に配分

❸必要な時に、1〜数ヵ月分を用意する

❹❷、❸を年に数回繰り返すだけのルーティンにする

「使ってもいいお金」と「使ってはいけないお金」を
分けることで安心してお金が使える！

↓

年の家計をルーティンにすると…
大きな支出にも慌てずに対応できる！
時間と手間がかからない
旅行などのお楽しみに
ケチケチせずにお金を使える！

あきの家計管理 まとめ❷

年の家計でお楽しみにお金を使うと家計が潤います。ケチケチするだけでないメリハリ家計が作れると家計の満足度がアップ！

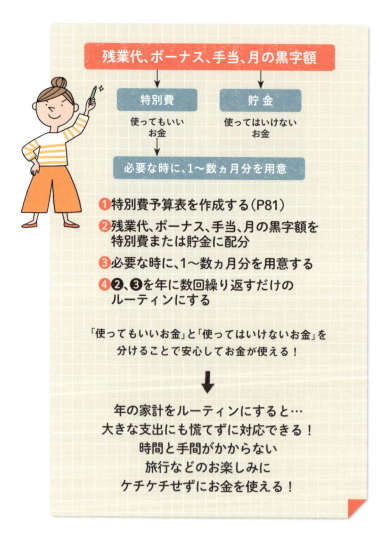

STEP4

家計を成功させる運用法

あきの袋分け家計管理で
家計簿なしで家計を回す！

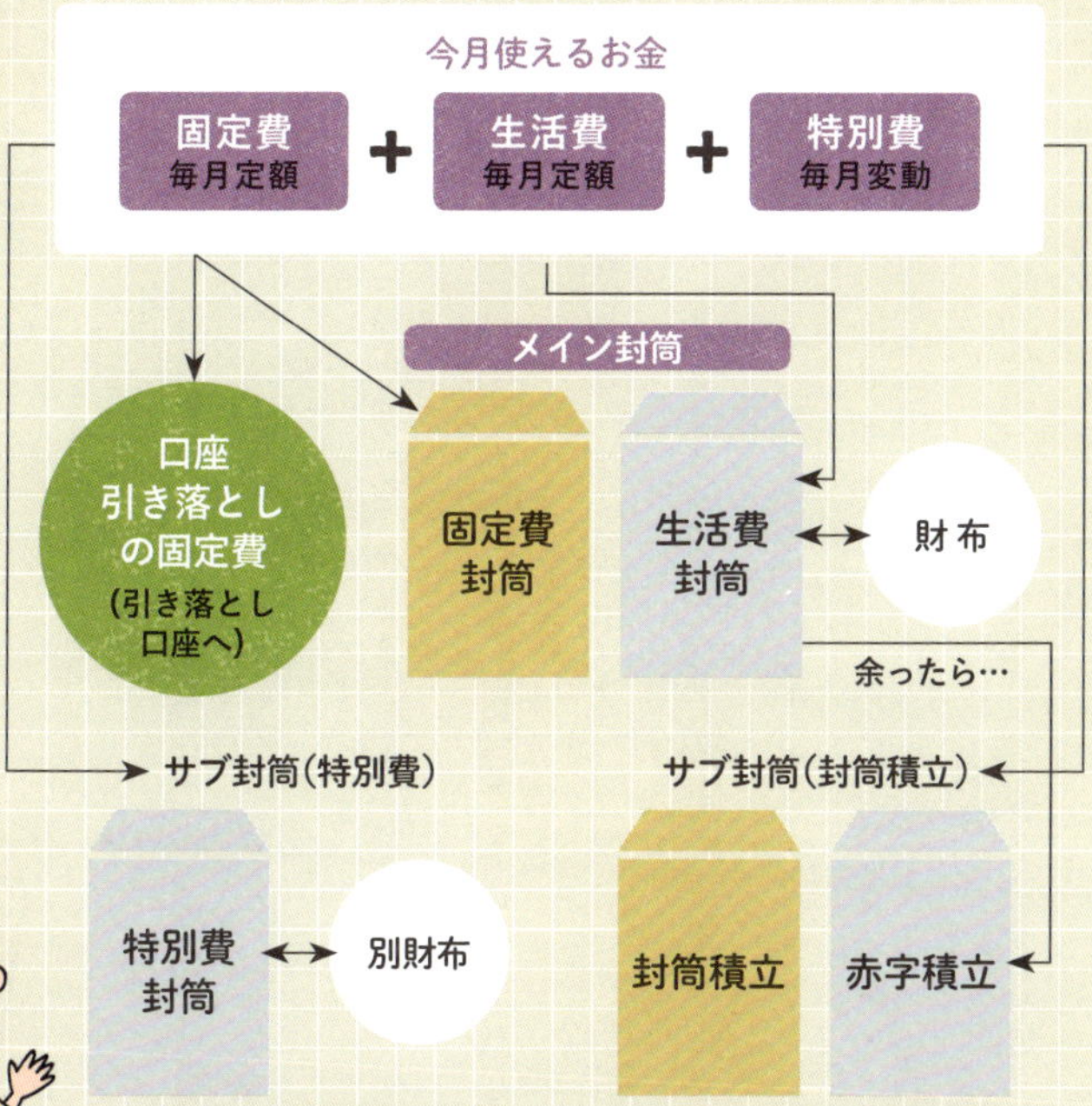

- メインで使う封筒はたった２つだけ（その他サブ封筒）
- 生活費封筒の余りを赤字積立に回すことで赤字対策も
- できればカード払いを現金払いにするための
カード払い封筒があると◎

↓

封筒が少ない＝
お金の出し入れが少ない＝簡単＆ラク！

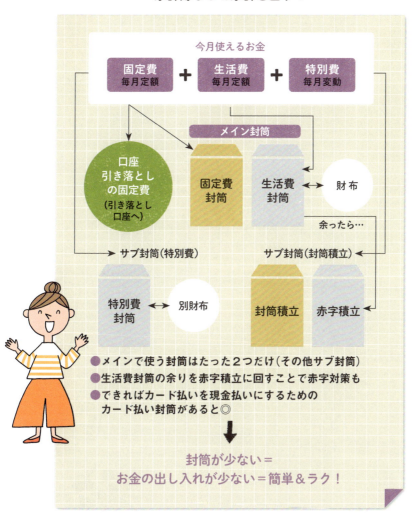

おわりに

この本は、ブログに寄せられた声や、私の長年の家計管理の経験でつちかったノウハウをまとめた本です。

家計管理の目的がお金を貯めるだけでは味気ないですよね。ケチケチするだけでなく、より楽しい人生を作り出すために家計管理をする。そんな家計管理ができるようになると、お金の管理はとっても楽しくなってきます。今まで一度も家計簿をつけたことがない方でも、よりラクに、そして確実に成果が出せるように工夫したのがあきの家計管理です。

「家計が回らなくて破たん寸前です」「やりくりができない自分が情けないです」という方が、はじめは戸惑うことが多くても、時間とともにどんどんやりくり上手になり、1年後には「ここの予算なんですが、こうしたほうがいいですよね？」と**家計に自信をもって取り組めるようになる姿もたくさん見てきました。**

できる人には、はじめから貯金のゴールが見えています。ゴールが見えているから、そこに向かって進むだけなのです。一方、貯められない人は、ゴールはおろか立ち位置さえも分かっていないことが多いものです。

本書では、できる人にとっては当たり前でも、できていない人にとっては当たり前になっていないことを紹介しています。

当たり前でないことを、少しずつ無理のない範囲で当たり前にしていく。いきなり全部ではなく、長い目で見てゆっくりとできることからはじめてみてくださいね。その先に待っているものは、安定した着実な家計管理です。

最後に、書籍化に尽力してくださった皆様、最後まで読んでくださった皆様に心から感謝申し上げます。

本書がほんの少しでも皆様のお役に立てたならこれ以上の喜びはありません。

２０１７年12月吉日　あき

［著者紹介］

あき

東京都在住。子ども3人、5人家族。

読者からの問い合わせが絶えない人気ブログ『2年間で350万円貯めた！ズボラ主婦の節約家計管理ブログ』を運営中。ブログには、実際にお金が貯まるようになったという声も多数届いている。

初著『あきのズボラ家計簿』（KKベストセラーズ）も大人気。

○にほんブログ村
総合PVランキング 約92万サイト中 1位
家計管理・貯蓄人気ランキングPVアクセス順 1位（2017年11月）

○ライブドアブログ
節約・ライフハック ランキング 1位（2017年11月）

○NHK『あさイチ』、フジテレビ『バイキング』、
名古屋テレビ『ドデスカ！』など出演、
女性自身、ESSE、LDK、BIGtomorrow他、掲載誌多数。

○2年間で350万円貯めた！
ズボラ主婦の節約家計簿管理ブログ
http://kakeibo.kosodate-info.com/

装丁	TwoThree
本文デザイン・DTP	TwoThree
イラスト	タナカユリ
校正	東京出版サービスセンター

年《ねん》1回《かい》見直《みなお》すだけ！ラクして貯《た》まる！

あきのズボラ家計管理《かけいかんり》

2018年2月14日　初版第1刷発行

著　者　あき
発行者　岩野裕一
発行所　株式会社実業之日本社
〒153-0044 東京都目黒区大橋1-5-1 クロスエアタワー8F
【編集部】03-6809-0452
【販売部】03-6809-0495
実業之日本社のホームページ http://www.j-n.co.jp/
印刷・製本　大日本印刷株式会社

ISBN 978-4-408-42084-4（編集本部）